Jörg Swoboda · Mütter von Männern

Jörg Swoboda

Mütter von Männern

25 Söhne erinnern sich

neukirchener
aussaat

Bibliografische Information der Deutschen Nationalbibliothek

Die Deutsche Nationalbibliothek verzeichnet diese Publikation in
der Deutschen Nationalbibliografie. Detaillierte bibliografische
Daten sind im Internet über http://dnb.d-nb.de abrufbar.

© 2010 Neukirchener Verlagsgesellschaft mbH, Neukirchen-Vluyn
Alle Rechte vorbehalten.
Umschlaggestaltung: Andreas Sonnhüter, Düsseldorf
unter Verwendung folgender Bilder:
Foto Manfred Siebald: © Wolfram S. C. Heidenreich
Foto: Anna Katharina Siebald: © Anne Siebald
Fotos Gertrud und Theo Lehmann: © privat
Foto Lothar Kosse: © Jörg Steinmetz
Foto Hanna Kosse: © privat
Foto Jörg Swoboda: © Gunnar Brenner
Lektorat: Marlis Büsching, Kaufungen
DTP: Breklumer Print-Service, Breklum
Verwendete Schriften: Optima, Sabon
Produktion: GMP, Köln
Printed in Czech Republic
ISBN 978-3-7615-5787-7

www.neukirchener-verlage.de

INHALT:

VORWORT

Männer halten inne und denken zurück. Söhne erinnern sich an ihre Mütter und danken Gott für ihre Spuren im eigenen Leben.

Wie kam es zu diesem Buch? Ich hatte vor Jahren für eine christliche Zeitschrift einen Artikel über meine Mutter geschrieben. Als ihr die Demenz im Alter von mehr als 90 Jahren die Vergangenheit zu rauben drohte, konnte sie auf ihrer letzten Wegstrecke durch das wiederholte Lesen meines Artikels Teile ihrer Lebensgeschichte vor dem Vergessen bewahren.

Darüber hinaus ist jetzt für meine Kinder und Enkel dieser schriftlich festgehaltene Ausschnitt der väterlichen wie großmütterlichen Lebensgeschichte eine wertvolle Quelle der Familienchronik.

Mein Vorschlag, aus den Lebensgeschichten der Mütter weiterer Autoren ein ganzes Buch zusammenzustellen, wurde vom Verlag gern aufgenommen. Nun ist es fertig und geht ins Land.

Was wir auf den folgenden Seiten von zupackender Nüchternheit, durch Not erzwungene und durch den christlichen Glauben ermöglichte Lebensbewältigung selbst in extremen Situationen erfahren, mag männliche Leser anregen darüber nachzudenken, was sie ihren Müttern an eigener Lebenstüchtigkeit verdanken. Darüber hinaus kann es Leserinnen anregen, auch über die Prägung durch ihre Mütter nachzudenken. Andere mag es ermutigen, ihre Aufgabe als Mutter zu überdenken, sie wertzuschätzen oder sich darauf vorzubereiten.

Vor den Autoren standen mehrere nicht ganz einfache Aufgaben. Da war zunächst der Schritt aus der Privatsphäre an die Öffentlichkeit der Leserschaft. Fragen stellten sich: Was soll in der Schatztruhe meiner ganz privaten Erinnerungen verbleiben, die ich nur im engsten Familienkreis öffne? Was ist andererseits mitteilenswert und für andere so bereichernd, dass es in ein Buch gehört? Was darf ich von der Zärtlichkeit oder Strenge der mütterlichen Liebe preisgeben?

Ferner sollte bei aller Wertschätzung der Mutter nicht übertrieben werden. Idealisierungen wären fehl am Platze. Stärken wie Schwächen, Größe und Grenzen, Bewährung wie Überforderung, gute und schlechte Zeiten, Schuld und Vergebung, Festhalten wie Loslassen, Glaube und Zweifel - erst die einfühlsame Benennung beider Seiten ergibt ein ganzes Bild.

Ich danke allen Mitautoren für die Lebenseinblicke, mit denen sie alle beschenken, die dieses Buch zur Hand nehmen. Die Lektüre dieses Buches bestätigt: Es lohnt, Lebensgeschichte in Geschichten zu erzählen. Über allem aber soll stehen: Soli deo gloria - allein Gott die Ehre!

Der Herausgeber Jörg Swoboda
Buckow/Märkische Schweiz, im Sommer 2010

ICH DANKE DIR FÜR ALLE GNADE, DIE ÜBER MEINEM LEBEN STAND!

Detlev Block

Meine Mutter Hildegard Block, geb. Knolle (1909-1995), wurde in Paderborn geboren, wo sie als evangelisches Kind noch die rivalisierenden Gegensätze von katholisch und protestantisch erfuhr. Mit Eltern und Bruder zog sie nach Hannover, in dessen Umland am Benther Berg ein Haus erworben wurde. Über den vertrauten Wiesenweg, der vom Elternhaus durch die Felder in den Wald führte, hat sie 1976 in dankbarer Rückschau eine anrührende Betrachtung geschrieben, die ein fast poetisches familiäres Vermächtnis ist. Dort in Benthe lernten sich meine Eltern kennen, ließen sich vom verehrten Konfirmator meiner Mutter in Hannover kirchlich trauen und wohnten dann auch dort, wo mein Vater Wilhelm Block als Philologe an einem Gymnasium tätig war.

Hildegard Block, geb. Knolle in Paderborn (1909-1995) mit Enkeltochter Barbara

Nach der Ausbombung fand unsere Familie mit uns vier Söhnen Zuflucht auf dem Land, bis nach Ende des Zweiten Weltkriegs mein Vater die Leitung eines Gymnasiums in Celle übernahm. Für unsere Mutter waren diese Jahre wohl die schönste und erfüllteste Zeit. Celle war eine unzerstörte Stadt mit wachsendem kulturellen und geselligen Leben, wozu auch kollegiale Freundschaften mit anderen Lehrerehepaaren gehörten. Mein älterer Bruder Achim* charakterisiert in einer trefflichen persönlichen Erinnerung: „Unsere noch jugendliche Mutter wurde in ihrer Natürlichkeit und Anteilnahmefähigkeit zu einer Sympathiefigur in der überschaubaren Celler Gesellschaft."

Nach Beginn des Ruhestands meines Vaters wurde auf dem erwähnten Grundstück meiner Großeltern in Benthe bei Hannover ein neues Haus errichtet, in dem sich unsere Eltern sehr wohlfühlten und die stiller gewordene Zweisamkeit miteinander teilten. Nach dem Tod meines Vaters zog meine Mutter zu uns in das vertraute Bad Pyrmont, wo sie bis fast zuletzt ihre Eigenständigkeit in Wohnung und Tagesablauf durchhalten konnte.

Meine Mutter war keine „fromme" Frau im herkömmlichen Sinn, die regelmäßig den Gottesdienst besuchte. Aber Vertrauen, Liebe und Hoffnung waren ihr als die Elemente des Glaubens wichtig, und sie wusste, was Gottes Gnade ist.

Als wir vier Brüder klein waren, war das Abendgebet am Bett ein fester Ritus. Kein Tag verging ohne einen solchen Abschluss. Auch der abendliche Gesang Mutters in unserem Kinderzimmer, der uns manchmal mit Schuberts Wiegenlied „Schlafe, schlafe, holder, süßer Knabe" erfreute, ist mir unvergesslich eingeprägt.

* Dr. Achim Block, Göttingen

Literatur und Gedichte, vor allem die deutsche Klassik, Liebe zur Natur und Schöpfung, aber eben auch Musik und Singen waren bei uns zu Hause. Vater spielte am Harmonium Choräle, ermunterte mich, einzelne Lieder, etwa zu Weihnachten, schon früh solo zu singen, oder begleitete bei Familientreffen gern Volks- und Wanderlieder am Klavier. Mutter sang oft dazu. Wir hatten eine behütete Kindheit in einer gutbürgerlichen Familie und lernten dabei ein Stück heile Welt kennen – und das noch mit Beginn des Zweiten Weltkriegs und trotz der immer furchtbarer werdenden Luftangriffe auf Hannover.

Ein einschneidendes Kriegserleben waren für uns Kinder der immer häufiger werdende nächtliche Fliegeralarm mit heulenden Sirenen – und im September 1943 (ich war neun Jahre alt) ein besonders schwerer Bombenangriff auf unsere Stadt. Wir waren im Luftschutzkeller um unsere Mutter versammelt und hörten dort mitten im Bomben- und Trümmerlärm Mitbewohner unseres Hauses laut beten. Die mutige Quintessenz unserer Mutter nach dieser Nacht: „Ich bleibe mit den Kindern keine Nacht mehr in Hannover!" Gesagt, getan: Am nächsten Morgen wurde gegen alle Engpässe und Widerstände eine Abfahrt zu Verwandten im Kreis Alfeld organisiert. Wie richtig diese Entscheidung war, zeigte sich beim schwersten Luftangriff auf Hannover am 8./9. Oktober 1943, wo auch unser Wohnhaus in der Südstadt, das große Stadthaus unserer Großeltern väterlicherseits, in Schutt und Asche sank und 250000 Menschen in der Stadt obdachlos wurden.

Unsere Eltern waren keine Mitglieder der NSDAP, aber im Kaiserreich geboren und aufgewachsen und von daher „deutsch-national" gestimmt. Wir, die wir später mit der jungen deutschen Demokratie nach dem Zweiten Weltkrieg aufwuchsen, führten erst nach- und hinterfragende und dann auch kontroverse politische Gespräche mit unseren Eltern.

Unser Vater, der als Soldat am Ersten Weltkrieg teilgenommen hatte, und nun die jungen Flak-Helfer** an ihrem gefährdeten Standort zu unterrichten hatte, wusste schon sehr früh und machte vor uns keinen Hehl daraus, dass Hitlers Krieg verloren gehen würde.

Geburtstage und Festtage, wie Weihnachten und Ostern und später die Konfirmationen, wurden liebevoll und auch in schweren Zeiten mit kleinen Gaben und Überraschungen für uns gestaltet.

An ein Weihnachtsfest und ein kleines heiteres Vorkommnis, ich war wohl drei Jahre alt, kann ich mich noch in etwa erinnern, bestärkt durch die Erzählung unserer Mutter. Unter dem Tannenbaum stand eine neue Krippe mit Maria und Josef und dem kleinen Jesuskind in der Mitte und drumherum die Hirten und die Könige. Was würden wohl die Kinder dazu sagen, freute sich unsere Mutter. Ich hatte, wie das damals so üblich war, zum Spielen ein offenes Mercedes-Benz-Modell geschenkt bekommen, in dem der grüßende „Führer" stand. Ich nahm den Wagen und fuhr spontan an die Krippe heran. Zum Entsetzen unserer Mutter griff ich ohne Scheu nach dem Jesuskind, warf den „Führer" aus dem Auto und setzte es dafür an das Steuer des Wagens und fuhr mit ihm vergnügt davon.

Als ich mich in der Celler Zeit als Helfer im Kindergottesdienst engagierte und wir für Eltern und interessierte Gemeindeglieder öffentliche Gemeindeabende gestalteten, um aus der Arbeit des Kindergottesdienstes zu berichten, war meine Mutter gern und mit Anteilnahme

** Flak: Abkürzung für Fliegerabwehrkanone

dabei und gewann Freude an der kirchlichen Tätigkeit ihres zweiten Sohnes. So war es für sie, deren beste Freundin Tochter eines Pfarrers war, eine gute Konsequenz, dass ich mich nach dem Abitur für das Theologiestudium entschied, was in unserer Familie und Verwandtschaft erstmalig war. Meine drei Brüder Achim, Manfred und Wolfram hatten sich für in unserer Familie vertrautere Studien entschlossen: Philologie, Jura und Medizin.

Meine Mutter gehörte nicht zu den Menschen, die auf jede Frage eine Antwort wissen, erst recht zählte sie nicht zu den religiösen „Bescheidwissern". Sie war oft eine Suchende und Fragende, aber im Respekt vor dem Geheimnis Gottes. Wenn wir zum Beispiel über die christliche Hoffnung nach dem Tode sprachen, sagte sie aus realistischer Überzeugung: „Wissen können wir nichts, aber hoffen, dass es so ist!" Einmal fragte sie bewegt nach dem Wort aus Markus 9, 24: „Ich glaube, Herr; hilf meinem Unglauben!" in jener Szene, wo ein Vater Jesus um Hilfe für seinen kranken Sohn bittet. „Gott vertrauen – ja, aber nur, wenn er uns die Kraft dazu gibt!" Das ist ein weiterer Kernsatz von ihr, an den ich oft denke, gerade im Blick auf die wunderbaren Hoffnungsbilder und Hoffnungstexte der Bibel und des Gesangbuchs. Auch mein Vater konnte mich plötzlich fragen: „Wo steht das eigentlich, dieses Wort: ‚Siehe, ich bin bei euch alle Tage bis an das Ende der Welt'?"

Beide liebten Choräle, wie den von Georg Neumark „Wer nur den lieben Gott lässt walten", vor allem die erste und die siebte Strophe: „Sing, bet und geh auf Gottes Wegen, verricht das Deine nur getreu."

Und meine Mutter konnte auch Dank sagen für persönliche Anregungen zum Gottvertrauen. In den letzten 17 Jahren ihres Lebens in Bad Pyrmont, wo es viele Erinnerungen an Besuche mit ihrer Mutter und an gemeinsame Besuche mit unserem Vater gab, wo sie den Kurpark und die Kurkonzerte liebte, nahm sie immer regelmäßiger an unseren Gottesdiensten in der Stadtkirche teil, aber auch an Wochenveranstaltungen, wie den Autorenlesungen, wo sie manche Autorinnen und Autoren kennenlernte, wie Christine Brückner, Eva Zeller, Rudolf Otto Wiemer, Heinz Zahrnt, Walter Kempowski oder den geliebten Manfred Hausmann. Und besonders gut wusste sie sich im Seniorentanzkreis meiner Frau Karin aufgehoben, wo sie lange Jahre aktiv mitwirkte, oder sie machte Gemeindefeste und Gemeindeausflüge mit.

„Du bist ein guter Anwalt für die Sache mit Gott!" sagte sie manchmal spontan nach einem Gottesdienst oder Vortrag und machte ihrem Sohn damit Mut zu weiteren Bemühungen.

Vielleicht habe ich auch von daher in meiner Predigt- und Seelsorgearbeit immer besonders den fragenden und suchenden Mitmenschen vor mir gesehen, und meine Mutter hat mir den Blick darauf geschärft.

Neben den altvertrauten und vielbewährten Chorälen der Tradition hatte sie auch Spürsinn für Lieder von heute. Sie fand es gut, eine wohlabgewogene Mischung von beidem im Gottesdienst zu singen. Eins ihrer Lieblingslieder aus meiner Arbeit war das „Lied der Hoffnung", das ich nach der Melodie „Herr, deine Liebe ist wie Gras und Ufer" seinerzeit für den Evangelischen Kirchentag in Nürnberg entworfen hatte und aus dem zwei Strophen lauten:

Wie viele Tode sind wir schon gestorben,
in wie viel Dunkel haben wir gesteckt!
Und immer wieder hast du uns erworben
mit deinem Wort, das Sterbende erweckt.

Herr, und kein Ende muss ein Ende bleiben,
wenn wir die Welt mit deinen Augen sehn.
Des Lebens Baum wird wieder Knospen treiben
und eines Tages voller Blüten stehn.

Es gibt als geistliches Vermächtnis unserer Mutter in ihren Tagebuchaufzeichnungen ein Gebet, das sie im vorgerückten Alter als eine Art Lebenssumme niedergeschrieben hat und das bei ihrer Beerdigung auf dem Benther Friedhof verlesen wurde. Darin heißt es:

Lieber Gott, ich danke dir von Herzen für mein bisheriges Leben! Ich danke dir für meine Kindheit und dass ich meine Eltern so lange behalten konnte (beide wurden 83 Jahre alt), für meinen Bruder, den ich hatte und noch habe. Ich danke dir am innigsten für meinen lieben Liebsten, den ich so früh fand, und für meine lieben Söhne, die uns so viel Freude machten. Ich danke dir für unsere gute Ehe, und dass wir die Kriegsjahre gesund überstanden haben. Ich danke dir für den so befriedigenden Beruf meines Mannes. Ich danke dir für alle Gnade, die über meinem Leben stand! Lieber Gott, nun kommen alle meine Bitten! Nimm den großen Kummer aus meiner Seele, und lass es nur eine glückliche Erinnerung bleiben! Segne und behüte meine lieben Söhne, und lass sie auch unter deiner Gnade stehen! Lass sie lange Zeit in Gesundheit des Körpers, des Geistes und der Seele hier auf Erden leben, und lass ihnen das Gute, das sie wollen, gelingen! Und wenn meine Zeit um ist, dann nimm mich bitte sanft und ohne viel Schmerzen und Ängste in deinen Frieden. Bitte vergib mir alles, was ich nicht gut gemacht habe und was ich vielleicht unterlassen habe, und lass mich immer reifer und besser werden. Gib mir die Einsicht und die Kraft dazu! Amen.

15

Und darunter schrieb unsere Mutter ihr Konfirmations-
wort aus Jesaja 54, Vers 10, das ihr immer präsent war
und ihr viel bedeutete:

Es sollen wohl Berge weichen und Hügel hinfallen;
aber meine Gnade soll nicht von dir weichen, und der
Bund meines Friedens soll nicht hinfallen, spricht der
Herr, dein Erbarmer.

Wir vier Brüder sind unserer Mutter für vieles dankbar,
auch für dies fürbittende Gebet. Zu ihrem 100. Geburtstag im August 2009 haben wir in Bad Pyrmont bei strah-
lendem Sommerwetter einen Gedenktag mit vielen Fami-
lienangehörigen der verschiedenen Generationen begangen-
gen und manche Erinnerungen an unsere Mutter, Schwie-
germutter, Großmutter und Urgroßmutter ausgetauscht,
heitere und besinnliche.

Detlev Block, geboren 1934 in Hannover,
ev. Pfarrer in St. Andreasberg, Hameln und
Bad Pyrmont, Schriftsteller, Lyriker und Kir-
chenlieddichter im Ev. Gesangbuch und anderen Gesangbüchern. Daneben auch als
engagierter Vermittler sternkundlicher Fach-
kenntnisse bekannt. 2005 erschien sein
Werk „Astronomie als Hobby", 2009 sein
Buch „Mit dem Sternenhimmel die Schöpfung verstehen". Mitglied im Verband deutscher Schriftsteller, bei
der Europäischen Autorenvereinigung DIE KOGGE und
bei der Gesellschaft für zeitgenössische Lyrik. Verheiratet mit Karin Block, geb. Babeleit, eine Tochter, drei
Söhne, drei Enkelkinder. Wohnt in Bad Pyrmont.

TROTZ ALLEM GNÄDIG BEWAHRT
Harald Bretschneider

I ch möchte über Spuren meiner Mutter Marianne Bretschneider, geb. Bäns (1921-2006), in meinem Leben
berichten. Dabei leiteten mich die Fragen, was ich ihr
an eigener Lebenstüchtigkeit und Kraft verdanke, wo ich
ihre Rolle als Mutter wertschätze, wo ihr stärkender
Glaube auf mich abgefärbt hat und wo es bei ihr „gemen-
schelt" hat.

1. Eine wunderbare Errettung aus dem zerbombten, brennenden Haus

Am 13. Februar 1945 hat mich meine im vierten Monat
schwangere Mutter aus dem Keller unseres zerbombten,
brennenden Hauses gerettet. Im Gegensatz zu den unsäg-

Marianne Bretschneider,
geb. Bäns in Bautzen
(1921-2006)

lich vielen Toten bei der Zerstörung Dresdens wurden wir unverdient wunderbar geführt und bewahrt. Doch erst zu meinem 50. Geburtstag 1992 konnte sie aufschreiben, was wir in den Tagen höchster Gefahr erlebt hatten:

Am 13. Februar 1945 kam vormittags Oma Frieda Bäns aus Bautzen, ganz aufgeregt nach Dresden gefahren. Wir sollten Dresden schnellstens verlassen. Opa Gustav hatte in der Technischen Nothilfe erfahren, dass die Alliierten ein Ultimatum gestellt hätten. Da Hitler es nicht erfüllt hat, solle Dresden bombardiert werden... Vater hatte den Polen-, den Frankreich- und den Anfang des Russlandfeldzuges in vorderster Front gestanden. Aufgrund einer Magen-Darmerkrankung war er erst Ende 1942 wieder als Soldat nach Stalingrad geflogen worden. Das Flugzeug wurde aber von russischen Jägern zur Landung gezwungen. Unterdessen war befohlen worden, keine Soldaten mehr in den Kessel einzufliegen. So war er nach Dresden zurückgekommen und als Ausbilder und Fahrlehrer eingesetzt worden. Am 13. Februar musste er mit Kameraden wegen der befürchteten Bombardierung Munition aus Dresden weg schaffen. Weil er uns und einige Sachen mitnehmen wollte, kam er zu Hause vorbei. Doch die Kameraden hielten es für zu gefährlich und rieten ab. Als er noch nicht lange weg war, gab es den ersten Alarm. Um 22.03 Uhr wurden die grünen Markierungsbomben und die weißen Lichtkaskaden als Zielzeichen abgeworfen. Wir hörten die Sirenen und sahen die Christbäume. Wir schlüpften schnell in die Sachen, rannten in den Keller und schon knallte es ringsum. 22.18 Uhr erfolgte der erste Angriff. 243 britische Bomber warfen bis 22.28 Uhr ihre Bomben vorwiegend über der Altstadt Dresdens ab. Familie Dölling aus dem ersten Stock ging in die Knie, die Mitbewohner folgten und beteten. Das Nebenhaus in der Kurfürstenstrasse brannte schon nach diesem Angriff. In unserem Haus waren nur alle Fenster kaputt, aber wir konnten noch in die Wohnung. Der zweite Angriff wurde 1.23 Uhr geflogen. Er kam ohne Vorwarnung, da die Warnsysteme nicht mehr funktionierten. Was nun kam, war die Hölle. Wir hörten plötzlich das Bombengeschwader und eilten in den Keller. Da waren schon vor Schmerzen schreiende Verwundete aus den Hilfslazaretten in der Nähe des bereits zerstörten Zirkus Sarasani. Dort brannte alles, wie auch rund um uns. Ein wahnsinniger Feuersturm hatte sich entfacht. Feuerwehrleute kamen. Sie schimpften, wir hätten das Wasser abgestellt. Keiner dachte daran, dass die Bomben die Wasserversorgung zerstört hatten, als unser Haus getroffen wurde. Bei diesem Angriff saß ich mit dir im Mauer-Durchbruch zum Haus am Admiral-Scheer-Ufer. Das Feuer fraß sich auch in unseren Keller. Als dieser Angriff vorbei schien und nur noch vereinzelt Bomben mit Zeitzündern auf den Elbwiesen in die Luft gingen, kroch ich mit dir durch das Kellerfenster aus den Trümmern. Wir rannten an der Elbe entlang bis zum Waldschlösschen und ein Stück weiter auf der Straße zum „Weißen Hirsch". Dort stand eine Straßenbahn. In die setzten wir uns und überlebten die Nacht.

529 Bomber waren im Einsatz. Insgesamt fielen in dieser Nacht 1477 Tonnen Sprengbomben und Minen sowie 1181 Tonnen Brandbomben auf das zerstörte, brennende Dresden. Noch immer bin ich fasziniert von der Geistesgegenwart und Lebenstüchtigkeit meiner Mutter angesichts der Zerstörung des Hauses und des Verlustes von Hab und Gut. Sie schrieb weiter:

Am Morgen kam eine Frau mit dem Milchauto. Die fragte ich, wie man aus Dresden rauskommt und ob irgendwo noch eine Bahn fährt. Sie sei über die Heeresstraße gekommen. Die Kasernen seien nicht zerstört. Sie war bereit, uns bis Coswig mitnehmen. Dort angekommen, mussten wir wieder in einen Keller. Es erfolgte der dritte Angriff auf die Innenstadt Dresdens." 311 US-amerikanische B17–Bomber klinkten am 14. Februar 12.00 Uhr innerhalb von 13 Minuten über 770 Tonnen Bombenlast aus. Über 136 800 Stabbomben trafen vor allem die Bahnanlagen und die angrenzende Wohnbebauung. Am 15. Februar 11.51 Uhr kam der vierte Angriff. 210 B17-Bomber warfen innerhalb von zehn Minuten 3 700 Sprengbomben ab. Mehr als 25 000 Tote waren zu beklagen. Dresdens Innenstadt war ein einziges Trümmerfeld. Es war, wie es in den Klageliedern Jeremias 1,3 und 5 steht: „Wie liegt die Stadt so wüst, die voll Volks war. Wie liegen die Steine auf allen Gassen zerstreut. Der Herr hat über die Stadt Jammer gebracht um ihrer großen Sünden willen. Er hat ein Feuer aus der Höhe in meine Gebeine gesandt und es lassen walten. Ist das die Stadt, von der man sagt, sie sei die allerschönste, an der sich das ganze Lande freut? Warum willst du unser so ganz vergessen? Bringe uns, Herr, wieder zu dir, dass wir wieder heimkommen!

1992 zog meine Mutter den Schluss:

Wir sind aber trotz allem gnädig bewahrt worden. Wir mussten nicht durch geschmolzenen Asphalt und die brennende Innenstadt.

Diese Worte entsprachen meiner eigenen Erinnerung. Von einzelnen Ereignissen weiß ich nichts mehr. Aber der brennende Himmel über der Stadt hat sich tief in Hirn und Herz eingebrannt. Bei jedem Lagerfeuer meiner Frau ist er mir fürchterlich gegenwärtig. Dann muss ich mich zurückziehen und daran denken, was damals passierte.

Damals flohen wir aus der brennenden Stadt. Die Erfahrungen von Krieg und Zerstörung wie der Verlust von Hab und Gut prägten mein Leben. Immer wieder beschäftigte mich die Frage, warum ich überleben durfte, obwohl so viele sterben mussten. Das biblische Wort und persönliche Seelsorge verhalfen mir zu einer Gottesbegegnung, die maßgeblich zu meiner Persönlichkeitsentwicklung beitrug. Plötzlich verstand ich: Die wunderbare Bewahrung am 13. Februar 1945 bedeutete unbedingte Verpflichtung zum Einsatz für den Frieden. Deshalb wehrte ich mich gegen die neue Militarisierung in der DDR und verweigerte den Wehrdienst. Mit Freunden gestaltete ich die Tonbildserie: „Ohne kleine Leute keine großen Kriege" als Entscheidungshilfe für Jugendliche in Fragen des Wehrdienstes. Als Landesjugendpfarrer schenkte Gott mir die Ideen, das christliche Friedenszeugnis mit dem Bußtag zu verbinden, die 1. Friedensdekade „Frieden schaffen ohne Waffen" zu initiieren und dafür das Symbol „Schwerter zu Pflugscharen" einzusetzen. Das Bibelwort aus Micha 4,3 brachte die Diktatur ins Wanken.

2. Eine Mutter mit wertschätzenden vielfältigen Gaben

Zuerst soll Mutter über ihren eigenen Werdegang wieder selbst zu Wort kommen:

> Nach dem Besuch der Volksschule, der ,Lutherschule' in Bautzen, ging ich von Ostern 1935-1937 an die ,Städtische höhere Handelslehranstalt' für Mädchen in meiner Heimatstadt. Im ersten Jahr ging ich täglich, im zweiten Jahr nur noch zwei Tage pro Woche zur Handelsschule. Ich hatte bereits im Musikhaus Jeremias im März 1936 eine dreijährige Ausbildung angetreten.

Im Abgangszeugnis der höheren Handelslehranstalt wird Mutter bescheinigt, dass sie in Deutsch, Bürgerkunde sowie in Englisch, kaufmännischem Rechnen und Buchführung gut war. Stenografie und Maschineschreiben schloss sie mit „genügend" ab. Im Halbjahreszeugnis ist noch zu lesen: Sie sei körperlich gut gebaut. Ihr Betragen und ihr Fleiß seien einwandfrei, und sie sei kameradschaftlich. Kein Wunder, dass sie noch während der Lehre von dem Gefreiten und Bäckergesellen Erhard Bretschneider angesprochen wurde, zunächst ohne darauf zu reagieren. Allerdings wurde dieser Bußtag, der 16.11.1938, später als offizieller Tag des Kennenlernens gefeiert.

> Am 28.12.1940 haben wir geheiratet, weil da die finanzielle Versorgung besser war. Wir hofften, uns einmal eine Bäckerei zu kaufen. Wir hatten zu diesem Zeitpunkt nicht einmal ein eigenes Zimmer. Vati schlief in der Kaserne und ich im Schlafzimmer meiner Eltern. Im August 1941 zogen wir nach Dresden. Es war unsere erste Wohnung mit herrlichem Elbblick. Mit mei-

ner Ausbildung in kaufmännischer Buchhaltung und meinen Kenntnissen im Maschineschreiben wurde ich in der Wehrkreisverwaltung als Kriegsdienstaushilfe angestellt. Als du dich dann bemerkbar machtest überwies man mich ins Krankenhaus in die Frauenklinik Friedrichstadt. Mit meinen 93 Pfund konnte ich rechtzeitig aufhören zu arbeiten. Mit unserer Vermieterin, einer Amtsgerichtsratswitwe, habe ich viele Theater- und Opernaufführungen erlebt und wurde kulturell weitergebildet. 1942 wurdest du geboren. Etwa mit acht Monaten wurdest du sehr krank. Essen wolltest du nicht und dann nicht einmal mehr trinken. Aber Gott wollte, dass du am Leben bleibst, auch wenn du für ein Schnittchen ca. eine Stunde brauchtest. – Nach der Errettung am 13. Februar 1945 waren wir auf der Flucht. Sie glich einer Odyssee. In den ersten Maitagen schlugen wir uns an der Grenze zwischen der russischen und der amerikanischen Besatzungszone bei Rodewisch durch den Wald. Vater wollte nicht noch in Gefangenschaft kommen, und ich hatte so kurz vor der Entbindung keinen Mut und keine Kraft mehr. Wir fanden in Werda eine Bleibe bei Familie Wolf. Am 18. Juli wurde unser Rainer in der Privatklinik in Falkenstein geboren. Im Herbst beschlossen wir, nach Leisnig zu ziehen. Fünf Holzkisten waren der Anfang zur neuen Wohnungseinrichtung.

Ohne Familie hätte Vater, der als Soldat seine Meisterprüfung vor der Handwerkskammer Dresden abgelegt hatte, viele verwitwete Bäckersfrauen mit Bäckerei haben können. Aber mit Frau und zwei kleinen Kindern gab es keine Chance. Doch Gott führte Vater so, dass er bei der Anmeldung von Rainers Taufe Arbeit auf dem kirchlichen Friedhof in Leisnig bekam. In seiner Bewerbung beschrieb Vater sein Verhältnis zum Glauben so: „Nach meiner Taufe, während der christlichen Unterweisung, wurden meine Eltern 1923 geschieden. Ich erlebte manche Enttäuschung, vor allem auch in der Zeit meiner Konfirmation. Erst als ich in die Familie meiner Schwiegereltern aufgenommen wurde und durch die Kriegsereignisse fand ich die richtige innerliche Haltung zum Glauben."

Aus dem Bäckermeister wurde ein Friedhofsmeister, später sogar Oberinspektor. Mutter war eine begabte mitarbeitende Ehefrau. Sie hat ihren Mann sowohl in der Friedhofsverwaltung als auch beim Bepflanzen und Abdecken der Gräber unterstützt. Gemeinsam haben sie mit dem hervorragenden Bildhauer Gleisberg den Leisniger Friedhof zu einem mustergültigen Gottesacker gestaltet. Er war mit den Bäumen und Koniferen nicht nur die „grüne Lunge" für die Stadt Leisnig, sondern auch ein Sinnbild für das Leben. Durch intensive Überzeugungsarbeit unserer Eltern gab es keine schwarzen Steine und keine Goldschrift. Dafür trugen die Grabsteine aus bodenständigem Rochlitzer Porphyr und Meissner Granit fast alle Symbole des Glaubens und der Auferstehung. Von mir berichtet meine Mutter:

Inzwischen wurde es dir zu Hause langweilig. Du wolltest in die Schule. So wurdest du schon mit sechs Jahren vorzeitig eingeschult. Die ersten Jahre hattest du zu tun, dranzubleiben. Aber dann ging es gut. Nur bei den Aufsätzen und in den Sprachen musste ich mich dazusetzen. – Als Lehrer Fischer in den ersten Jahren die Darwinsche Lehre, dass der Mensch vom Affen abstammt, vermittelte, hat Vati auf dem Elternabend gesagt: ‚Wenn Sie meinen, dass Ihre Kinder vom Affen abstammen, ist das Ihnen überlassen. Meine haben jedenfalls einen anderen Ursprung.'

Ich selbst erinnere mich, dass meine Hausaufsätze meistens meine Mutter schrieb. Auch die Sprachen waren nicht mein Ding. Aber Mutter paukte mit mir Vokabeln, selbst als unsere Schwester Gabriele 1955 als Nachzüglerin geboren worden war. Insofern habe ich an der Bildung meiner Mutter sehr partizipiert. Und ich habe gelacht, als Gott ausgerechnet mich, dessen Hausaufsätze meist die Mutter geschrieben hatte und der sich mit Sprachen schwertat, zum Theologiestudium und später zum Pfarrer berief, der Hebräisch, Griechisch und Latein lernen musste und jeden Sonntag predigen durfte. Zu meinen Erfahrungen mit der Schule gehört auch, dass nach anfänglicher Zusammenarbeit der Kommunisten mit den Christen bald die Ideologisierung einsetzte. Die Jugendweihe diente der atheistischen Erziehung. Die 100%ige Mitgliedschaft aller Schüler bei den Jungen Pionieren und in der FDJ wurde angestrebt. Sie sollte die totale Identifizierung mit dem Arbeiter-und-Bauern-Staat dokumentieren. Es kam zu großen Auseinandersetzungen mit christlichen Schülern, weil die Lehrer die Bedeutung des Christentums in der Geschichte verkürzten und verfälschten, während sie die Bedeutung der Arbeiterklasse als geschichtsprägende Kraft überhöhten und geradezu vergötterten. Das Gesetz über das einheitliche sozialistische Bildungssystem sollte alle Schüler zu allgemein gebildeten, sozialistischen Persönlichkeiten machen. Deswegen habe ich mich als Dorfpfarrer und später als Landesjugendpfarrer mit den Jugendmitarbeitern energisch für mutige und aus Glaubensgründen benachteiligte Schüler eingesetzt und für eine gleichberechtigte Behandlung christlicher Schüler gekämpft. Deshalb habe ich mich auch nach der friedlichen Revolution als Oberlandeskirchenrat für den Religionsunterricht an den öffentlichen Schulen engagiert. Dankbar bin ich, dass ich die Gründung von 42 freien evangelischen Schulen in Sachsen mitbewirken konnte.

3. Eine freundschaftliche Gemeinschaft wird Vorbild für christliche Gemeinde

Unser Vater starb 1974. Wir Kinder lebten mit unseren Familien weit von zu Hause entfernt. Anfänglich sorgten wir uns, wie Mutter das Alleinsein und ihre angeschlagene Gesundheit bewältigen würde. Doch unsere Mutter überraschte uns wieder. Einerseits hat sie uns Kinderfamilien mit den fünf Enkeln immer wieder besucht und unterstützt. Öfter war sie längere Zeit zur Entlastung besonders bei Rainers Familie mit den vier Kindern. Dabei entstand großes Vertrauen zu den Enkeln. Mit ihnen hat sie intensiv korrespondiert. Sie ließen Mutter an ihren Freuden, aber auch an Problemen teilhaben, von denen wir als Eltern oft nichts wussten. Andererseits hat sie mit Freundinnen aus der Leisniger Kirchgemeinde eine Gemeinschaft verbunden, die beispielgebend für christliche Gemeinde war. Mit Erika Zehl und Lieselotte Hofmann und anderen spornten sie sich nicht nur gegenseitig zum Besuch des Gottesdienstes und der Bibelstunden an. Es waren auch nicht nur die Spielnachmittage, die sie oft gemeinsam verbrachten. Sie haben sich vor allem gegenseitig geistlich getragen. Ihre Besuche und Beratungen in allen Lebensfragen, bei Krankheiten, über Geldfragen, bis hin zum Trost bei besonderen Belastungen und Enttäuschungen, auch durch die eigenen Kinder, haben sie lebenstüchtig gemacht und geholfen, ihr Leben zu bewältigen. Sie haben kaum geklagt, sondern uns Kinder freigegeben, auch wenn wir sie oft zu wenig besucht haben. Dieses Modell einer Lebensgemeinschaft von Alleinstehenden habe ich als Dorfpfarrer in vielen Gemeindekreisen vorgestellt und zur Nachahmung empfohlen. Es hat darüber hinaus mein Konzept der bibelorientierten, gemeindezentrierten und situationsbezogenen Jugendarbeit mitgeprägt.

4. Ein Glaube, der bis in die letzte Stunde trägt.

Je älter unsere Mutter wurde – Gott schenkte ihr 85 Jahre – desto intensiver haben wir Kinder, Rainer, Gabriele und ich, sie mit unseren Familien begleitet. Wenn wir Mutter besuchten, waren wir oft mit ihr im Gottesdienst. Wir sind mit ihr an Erinnerungs- und Ausflugsorte gefahren und haben miteinander gegessen. Wir haben sie oft zu uns nach Hause geholt. Sie hat uns mit ihren Erinnerungen bereichert. Zum Schluss haben wir miteinander gesungen und gebetet. Dabei staunten wir über den Schatz der Lieder, die sie auswendig kannte. Dieser großartige Schatz hat sie getragen, als wir sie in das Alterspflegeheim „Bethanien" in Leipzig bringen mussten, wo Gabriele sie besonders treu begleitet hat. Fast bis zu ihrem letzten Atemzug hat sie uns Kindern vermittelt, welche tröstende und stärkende Kraft das biblische Wort und die alten Choräle aus dem Evangelischen Kirchengesangbuch haben. „Christus, der ist mein Leben", „Jesus meine Zuversicht", „Befiehl du deine Wege" erwiesen sich als „eiserne Ration". Es war und es bleibt gut, wenn wir wie sie in unserer Jugend viele Lieder auswendig gelernt haben. Am 27. Juli 2006 hat Gott sie heimgerufen. Sie hatte alles wohl geordnet. In den Unterlagen für die Beerdigung fanden wir einen Brief an uns Kinder, den sie im Juli 1990 geschrieben und am 05.04.2003 nochmals gelesen und für gut befunden hatte: „Meine geliebten, guten Kinder Harald, Rainer und Gabriele! Meine lieben angeheirateten Kinder, meine lieben Enkelkinder! Danke und nochmals danke! Ich möchte euch sagen, dass ihr mein größter Reichtum seid. Gott aber sei Dank, der euch uns und jetzt mir gegeben hat. Was wäre mein Leben ohne euch alle? Eure Liebe, euer Vertrauen machte mein Leben schön. Vergebt mir, wenn ich euch einmal weh getan habe. Viel

Freude hatte ich an euch auf meiner Erdenwanderung. Sollte ich auf den Weg in die ewige Heimat gerufen werden, so hoffe ich, dass Jesus Christus, der mich erkauft hat mit seinem teuren Blut, gnädig ist! Seid nicht traurig, sondern lobt und dankt. Viel Liebe durfte ich empfangen und geben. Meine einzige Sorge ist, dass ich zu wenig geliebt und gelobt habe. ‚Mach mich zum guten Lande, wenn dein Samenkorn auf mich fällt.' Das hat mich ganz stark bewegt, das Gleichnis vom Säemann, dass sein Wort bei mir auf gutes Land gefallen sein möchte, das erbitte ich. Eure Mutti." Für ihre Beerdigung hatte sie ihren Trauspruch Römer 9,16 als Bibelwort gewählt: „So liegt es nun nicht an jemandes Wollen oder Laufen, sondern an Gottes Barmherzigkeit". Als Lieder hatte sie ausgesucht: „Such war da will ein ander Ziel", „Herzlich lieb hab ich Dich, o Herr" und „Wohl denen die da wandeln". Sie hatte alles wohl geordnet, und so haben wir sie beerdigt.

Auf diese Weise hat sie unser Leben und unseren Glauben mitgeprägt. Wir wünschen uns und unseren Kindern eine solche „eiserne Ration" an auswendig gelernten Liedern und empfehlen es auch dem geneigten Leser.

 Harald Bretschneider, geboren am 30. 07.1942 in Dresden, 1960–1965 Theologiestudium an der Karl-Marx-Universität in Leipzig, 1965–1968 Bauhilfsarbeiter, berufsbegleitende Lehre als Zimmerer, ehrenamtliche Begleitung der Kollegen als „Arbeiterpriester", 1966/67 wegen zu großer Öffentlichkeitswirkung im Betrieb Einberufung als Bausoldat, 1969 Predigerseminar Leipzig, 1969–1979 Vikar und Pfarrer in Wittgendorf bei Zittau, 1979–1991

Landesjugendpfarrer der Ev.-Luth. Landeskirche Sachsens, Initiator von „Frieden schaffen ohne Waffen" und „Schwerter zu Pflugscharen", 1991–1997 Direktor des Diakonischen Werkes – Stadtmission Dresden, 1997–2007 Oberlandeskirchenrat der Ev.-Luth. Landeskirche Sachsens, zuständig für Kinder- und Jugendarbeit, Diakonie, Gemeinde- und Religionspädagogik, öffentliche Bildungsverantwortung der Kirche und für Fragen von Kirche und Gesellschaft, Aufbau evangelischer Schulen und Kindergärten, verheiratet mit Gabriele, ein Sohn, 2007 Eintritt in den Ruhestand, wohnt in Dresden.

EINER MEIN MEISTER –
CHRISTUS DER HERR!

Rolf Dammann

I n einem ihrer Gedichte, das als Männerchorlied vertont wurde, schrieb meine Mutter Christine Dammann, geb. Krohn (1894-1977): „Christus, dein Helfer im Leben und Tod, Christus, dein Alles, dein tägliches Brot, Ihm leg zu Füßen Anbetung und Ehr'. Einer dein Meister, Christus, der Herr!" Das war ihr Glaubensbekenntnis. Das hat sie in ihrem Leben in Wort und Tat bezeugt. Ein Leben, das sich aus vielen Augenblicken zusammensetzt. Viele weiß ich, einige will ich schildern, damit sie, Mosaiksteinchen gleich, vor unseren Augen ein Bild von ihr entstehen lassen.

Mutter war die zweite Frau meines Vaters. Sie trat nach dem Tod ihrer Schwester in die Lücke und über-

Christine Dammann,
geb. Krohn
in Pinneberg
(1894-1977)

nahm zwei Kinder. Die Bezeichnung Stiefmutter wollte sie nicht hören. Sie war für beide, wie auch für meinen jüngeren Bruder und mich, Mutter. Als sie 46 Jahre alt war, starb mein Vater. Am Sterbebett sagte sie, sie müsse uns nun Vater und Mutter sein, und war es 37 Jahre bis zu ihrem Tod. Das erlebten mein Bruder und ich – die beiden älteren Geschwister konnten nicht zuhause sein – sehr eindrücklich am ersten Heiligen Abend ohne Vater. Es war üblich, dass er vor der Bescherung das Weihnachtsevangelium las und betete. Nun tat es Mutter, teils unter Tränen und mit zitternder Stimme. Wir spürten die Lücke und konnten doch Weihnachten feiern.

Schon als Kind wollte ich Baptistenprediger werden. Deshalb schickten mich die Eltern auf das humanistische Gymnasium. Damit Mutter mir die griechischen Vokabeln abhören konnte, lernte sie das griechische Alphabet. Infolge des Krieges ging ich erst später als Autodidakt in diesen Dienst. Als ich vorher einmal in einer Stubenversammlung zu predigen hatte, blieb ich bei einer bekannten Liedstrophe stecken. Ich sah zur Mutter, die mir sofort weiterhalf. Ich habe daraus gelernt, zu zitierende Verse grundsätzlich aufzuschreiben. Mutter hat es gewiss begrüßt, dass ich dann Prediger wurde. Trotzdem sagte sie nach der Berufung: „O weh, Baptistenprediger. Viel Kinder, viel Bücher, wenig Geld." Ich wusste, dass sie meinen Dienst fürbittend begleitete.

Wie mein älterer Bruder musste auch ich im Krieg Soldat werden. Über ihre Briefe und Feldpostpäckchen haben wir uns immer gefreut. Zweimal konnten wir gemeinsam auf Urlaub zuhause sein. Das waren Festtage für die Familie, die sich besonders freute, wenn wir beide unsere Erlebnisse austauschten und sie so etwas erfuhr, was wir sonst kaum erzählt hätten. – Einmal hatte ich meine Erkennungsmarke vergessen. Das hätte bei einem Appell böse Folgen haben können. Doch schon bald kam von Mutter ein Brief, darin auch eine Karte, in der ein Platz für die Marke ausgeschnitten war, sodass sie nicht zu fühlen war. Liebe macht erfinderisch! – Ein anderes Mal saß ich abends mit Mutter am Tisch. Wir hörten Musik, gaben uns lange Zeit die Hand und schwiegen. Wir wussten um die wieder bevorstehende Trennung und erlebten geweihte Augenblicke.

In den letzten Kriegswochen kam ich ins Lazarett nach Bayreuth. Anfang April 1945 standen die Amerikaner vor der Stadt. Es wurde Feindalarm ausgelöst. Ich nutzte die Gelegenheit, mich nach Bad Köstritz/Thüringen abzusetzen, wohin Mutter aus Görlitz geflüchtet war. Ich war den ersten Tag bei ihr, da rückte dort der Amerikaner ein. Es war gefährlich, als Soldat in einer Wohnung gefunden zu werden. So ging Mutter in das dortige Lazarett, das nun zugleich Gefangenenlager war, und fragte, ob man mich noch aufnehmen würde. Das wurde bejaht. So brachte sie mich abends dorthin. „Mutter bringt Sohn in die Kriegsgefangenschaft" hätte eine Schlagzeile lauten können. Schon zehn Tage nach der Kapitulation wurden Lazarett und Lager aufgelöst. Der amerikanische Offizier machte eine Handbewegung, die bedeutete, wir könnten gehen. Im Ort musste sich schnell herumgesprochen haben, dass sich im Lager etwas tut. Denn kaum hatte ich das Tor passiert, da kam mir schon Mutter entgegen. Ich konnte nur sagen: „Ich bin frei!"

Welche Mutter ist nicht interessiert zu wissen, welche Schwiegertochter sie einmal bekommen wird?! So klopfte sie bei mir als Zwanzigjährigem auch einmal auf den Busch. Das war umso berechtigter, als sie wusste, dass ich bei der ersten Beamtenverpflichtung erklären musste, bemüht zu sein, bis zur Vollendung des 27. Lebensjahres geheiratet zu haben. Mit dem Ende des Dritten

Reiches war auch diese Erklärung gegenstandslos geworden. Jedenfalls beruhigte ich Mutter, dass ich noch keine Absichten hätte. Da nannte sie ein Mädchen aus unserer Gemeindejugend. Ich lehnte mit dem Bemerken „das junge Ding" ab. Wir stehen jetzt noch in freundschaftlicher Verbindung. Doch in Bayreuth, kurze Zeit später, lernte ich „sie" kennen, etwas jünger als die von Mutter Empfohlene. Wir verliebten uns und versprachen einander. Es musste auch schnell gehen, denn in Anbetracht der Teilung Deutschlands wurden wir für lange Zeit getrennt. Als ich zur Mutter nach Köstritz kam, erzählte ich ihr das Neueste. Sie meinte, sie hätte sich das auf Grund meiner Briefe schon gedacht. Auf Anregung von Mutter habe ich dann die heimliche Verlobte eingeladen. Das war erst 1947 möglich, nachdem der Interzonen-Reiseverkehr leichter geworden war. Von der Begrüßung an war Elfriede von Mutter als Schwiegertochter sehr lieb auf- und angenommen. Meine Frau hat später gesagt, sie habe von ihr viel gelernt und sei ihr sehr dankbar. Beide liebten einander herzlich.

Unsere Hochzeit haben wir 1949 in Görlitz in Mutters Wohnung sehr schön gefeiert. So lernten meine Schwiegereltern die künftige Umgebung ihrer Tochter kennen, von der sie nun durch die Zonengrenze getrennt wurden. Damals war in Görlitz noch von 0 bis 4 Uhr Sperrstunde, in der niemand auf die Straße durfte. Deshalb wurde bis 4 Uhr gefeiert. Anschließend machten wir jungen Leute einen langen Morgenspaziergang. Gegen 8 Uhr kamen wir als junges Paar endlich in unsere eigene Wohnung. Zu unserer Überraschung fanden wir einen gedeckten Frühstückstisch vor. Auch die Thermosflasche mit Kaffee fehlte nicht. Das war Mutters Morgenspaziergang und Fürsorge. Unsere Wohnungen lagen über 2 km auseinander. Meine Frau hatte damit gerechnet, dass wir als junges Paar zur Mutter ziehen würden, wie es viele in Anbetracht der angespannten Wohnungslage tun mussten. Sie war über die eigene Wohnung natürlich sehr erfreut. Gerade auf Grund des guten und harmonischen Verhältnisses, das zwischen Mutter und mir bestand, war mir an einer räumlichen Trennung sehr gelegen. Mutter hatte dafür durchaus Verständnis. Gern haben wir uns dann gegenseitig besucht.

Als die Eltern heirateten, hatte der Vater ein Korbwarengeschäft, das er infolge der Inflation aufgeben musste. Er wurde Angestellter im Katasteramt. Das Gehalt war nicht hoch. Wenn er Mutter das Wirtschaftsgeld gab, fragte sie manchmal, wie sie mit dem wenigen auskommen solle. Deshalb versuchte sie, auf verschiedene Weise zum Lebensunterhalt der Familie beizusteuern. Die berufstätige Ehefrau und Mutter gab es damals kaum. So gab sie Unterricht im Harmoniumspielen, nähte für Bekannte oder richtete einen kleinen Mittagstisch ein. In den letzten Vorkriegsjahren übernahm sie die Vertretung für einen Textilversandbetrieb. Mit ihren mit Mustern schwerbepackten Taschen ging sie zu Bekannten oder anderen Empfohlenen und warb um Aufträge. Aufgrund ihrer korrekten und freundlichen Art war sie im Betrieb und darüber hinaus beliebt.

Schon von Kindheit an liebte Mutter die Baptistengemeinde. Vor ihrer Ehe war sie besonders in der schlesischen Jugendarbeit tätig und hielt auf Konferenzen Referate. Später war sie im Gemeindechor eine führende Sopranstimme und spielte auch die Orgel. Ihren besonderen Auftrag sah sie im Frauendienst, den sie viele Jahre leitete. Auch hier arbeitete sie überregional mit, indem sie Müttererholungen organisierte und oft auch leitete. Als

Familie haben wir oft bedauert, dass in Anbetracht der getrennten Wohnorte die Omi – "Oma" hörte sie nicht so gern – nur selten bei uns sein konnte. Denn wir lebten inzwischen in Schmölln bzw. Berlin. Bei unseren fünf Kindern wären wir oft froh gewesen, wenn sie hätte einhüten können. Einige Male konnten wir Kinder zu ihrer Omi schicken, um als Eltern etwas unternehmen zu können. Wir wussten sie in guter Obhut und billigten der Großmutter durchaus zu, ihre Enkel zu verwöhnen. Ich habe das selbst vermissen müssen. Auch als Familie haben wir ab und zu den Urlaub bei Mutter verlebt. Bei einem Besuch von sieben Personen wurde es dann eng in der Wohnung. Das wurde aber durch mancherlei Urlaubsfreuden aufgewogen. Mutter hat mir oft geschrieben, besonders während der Soldatenzeit und meines späteren Dienstes. Sie hatte eine sehr gute Handschrift. Weil auch ich ihr oft schrieb, konnten wir immer an unserem Erleben gegenseitig teilnehmen und Freude und Nöte gemeinsam tragen. Ich habe leider nur wenige Briefe aufgehoben, habe ich doch Zeiten erlebt, in denen man bewusst keine Mitleser wünschte. Einmal schrieb mir Mutter in einer Geburtstagskarte: „Du weißt, ich denke täglich fürbittend Deiner und aller Lieben um Dich und bin in Gedanken und Liebe unter Euch. Ich wünsche Dir viel Kraft für alle Aufgaben, die noch vor Dir liegen." Auch unseren letzten Briefwechsel habe ich noch. Als Mutter schon sehr schwach war, sandte ich ihr eine Karte, auf der betende Hände abgebildet sind. Ich schrieb nur mit großen Buchstaben: „In Liebe und Dankbarkeit Dein Rolf und Familie." Mutter sandte wohl postwendend die Karte zurück und schrieb: „An Rolf zurück! Mit innigem Dank für alle Liebe. Die Karte war mir ein großer Trost in meinen letzten Stunden. Seid Ihr meine Lieben der Liebe und Gnade unseres Herrn befohlen und lasst Euch zum letzten Mal innig grüßen und dem Herrn anbefohlen von Eurer Mutti und Omi. Auf Wiedersehen droben beim Herrn." Es folgten noch einige Grüße, wobei die Handschrift immer schwächer wurde.

Einige Tage vor ihrem Tod konnte ich Mutter noch im Krankenhaus besuchen. Es war schwer, in diesen Augenblicken den schuldigen Dank und die Empfindungen in Worte zu fassen. Ich las ihr den 23. Psalm vor, ihren Lieblingspsalm. Mehrfach hat sie gesagt, dass ihr so wichtig sei, dass in den ersten drei Versen die dritte Person gebraucht wird: „Er weidet mich auf einer grünen Aue, er führet mich auf rechter Straße." Doch dann ginge der Psalm in die zweite Person über: „Du bist bei mir im finstern Tal, dein Stecken und Stab trösten mich, du schenkest mir voll ein." In dieser Gewissheit ist meine Mutter gestorben. Deshalb sei hier die letzte Zeile des eingangs zitierten Liedverses in einem Buchstaben geändert: Einer dein Meister, Christus der Herr – einer mein Meister, Christus der Herr.

Rolf Dammann, 1924 in Görlitz geboren, Finanzbeamter, Pastor in den Evangelisch-Freikirchlichen Gemeinden Schmölln/Thür. und Berlin-Friedrichshain, Generalsekretär des Bundes Evangelisch-Freikirchlicher Gemeinden in der DDR 1958-1989, Vorstand des Diakoniewerkes Bethel in der DDR, Vorstand der Christlichen Pflegeanstalt in Schmalkalden, Vertreter des Bundes im Diakonischen Werk der Evangelischen Kirchen in der DDR, Verteilerausschuss Brot für die Welt (zeitweise stellv. Bevollmächtigter), Diakonische Arbeitsgemeinschaft Evangelischer Freikirchen in der DDR (Vorsitzender), Vereinigung Evangelischer Freikirchen in der DDR, Europäische Baptistische Föderation, Baptistischer Weltbund (1980-1985 einer der Vizepräsidenten). Ruhestand seit 1989, verwitwet (nach 54 Ehejahren), fünf Kinder, zehn Enkel, wohnt in Berlin.

WIR HABEN EINE GUTE MUTTER GEHABT

Rainer Dick

ls wir am Sarg meiner Mutter standen, die mit fast neunzig Jahren gestorben war, sagte mein älterer Bruder zu mir: „Wir haben ein gute Mutter gehabt."

Zwei Bilder liegen nebeneinander. Eines zeigt meine Mutter im Alter von vielleicht 25 Jahren: Jung, schön und

Elly Dick, geb. Winkler
in Oberfrohna bei Chemnitz
(1905-1995)

mit herausforderndem Blick in die Kamera. Die Entbehrungen des Ersten Weltkrieges und der Notzeit danach lagen hinter ihr. Mit frohen Erwartungen schaute sie in die Zukunft.

Das zweite Bild zeigt sie im Alter von 85 Jahren. Gebeugt sitzt sie am Tisch. Viele Falten haben ihr Gesicht durchzogen. Über die Brillengläser hinweg lächelt sie den Betrachter gütig an. Die Härten des Lebens haben ihre Spuren hinterlassen. Aber trotz allem keine Spur von Bitterkeit. Ja, mein Bruder hatte recht: Wir haben eine gute Mutter gehabt.

Als sie meinen Vater kennenlernte, da hatte sie die Liebe ihres Lebens gefunden. Doch nur wenige Jahre waren ihr beschieden, diese Liebe auch zu leben. Der Zweite Weltkrieg kam, und mein Vater musste in den Krieg. So habe ich, der jüngere von zwei Brüdern, überhaupt keine Erinnerung an meinen Vater. Er hat mich zum letzten Mal gesehen, als ich ein halbes Jahr alt war. Und obwohl ich mich nicht an ihn erinnern kann, habe ich immer ein verklärtes Bild meines Vater in meinem Herzen gehabt. Und das lag daran, dass meine Mutter nur positiv von ihm geredet hat.

Tief eingeprägt haben sich mir die Bilder der Luftangriffe auf Chemnitz und das Umland. Die Bombennächte des Krieges waren furchtbar. Beim Heulen der Sirenen wickelte mich Mutter in eine Wolldecke und rannte mit uns in den Luftschutzkeller einer nahe gelegenen Fabrik. Am Ende des Krieges spürte ich an meiner Mutter auch etwas von der Angst der Frauen vor den einrückenden fremden Soldaten.

Unvergesslich ist mir auch der ganze Jammer, der über meine Mutter hereinbrach, als sie durch das Rote Kreuz die Nachricht erhielt, dass mein Vater, ihr geliebter

Mann, in einem jugoslawischen Gefangenenlager gestorben war. Unbeholfen habe ich Fünfjähriger versucht, meine herzzerreißend weinende Mutter zu trösten.

Den Schmerz über diesen Verlust ist sie ihr ganzes Leben lang nicht losgeworden. Auch wenn später noch manchmal um sie geworben wurde – sie blieb allein. Ihre Liebe galt nun ausschließlich uns, ihren Söhnen.

In der Nachkriegszeit zog sie trotz aller Gefahren immer wieder mit dem Rucksack über Land, um Lebensmittel für die Familie zu erhandeln. „Hamstern" nannte man das damals. Doch es waren mühsame Versuche, die Familie am Leben zu erhalten.

Da mein älterer Bruder schon zeitig heiratete und aus dem Haus ging, konzentrierte sich die Liebe meiner Mutter nun ausschließlich auf mich. So sehr mir das in meiner Kindheit Geborgenheit vermittelte, wurde mir diese umarmende Liebe in meinen Jugendjahren lästig. Sie wollte mich festhalten. Aber das wollte ich nicht. Leider verdichtete sich dieser Konflikt noch, als ich heiratete. Mutter hat meine Frau als Konkurrentin empfunden, die ihr den Sohn abspenstig gemacht hat. Das führte zu Auseinandersetzungen, in denen ich mich auf die Seite meiner Frau und gegen meine Mutter stellen musste. Sicher hat sie das geschmerzt. Aber es war notwendig.

Meine Mutter meinte es mit dem Glauben an Christus ernst. Aus einer christlichen Familie stammend, versuchte sie, den Glauben ins Leben zu holen. Und damit hat sie Grundprägungen für mein ganzes Leben geschaffen. Sie hat mich das Beten gelehrt. Kein Tag in meiner Kindheit verging, ohne dass sie am Abend nicht mit mir die Hände faltete und dem Vater im Himmel den Tag zurückgab. Durch diese betende Selbstverständlichkeit ist für mich nie ein Zweifel an der Existenz Gottes aufgekommen. Gott war ja da. Das merkte ich, wenn Mutter mit mir betete.

Sie hat mir auch die Bibel nahegebracht. Die Bibel lag auf dem Küchentisch und wurde täglich gelesen. Die Bilder von Schnorr von Carolsfeld haben bei mir schon in der Kindheit das Interesse für dieses Buch geweckt. So erlebte ich die Geschichten der Bibel anschaulich.

Auch dass die Gemeinschaft der Christen zum Glauben gehört, hat mir meine Mutter vorgelebt. Treu ging sie zum monatlichen christlichen Frauendienst, und sonntags gingen wir selbstverständlich in die Kirche. Überhaupt lag über den Sonntagen meiner Kindheit und Jugend ein besonderer Glanz. Damals wurde noch bis Samstagmittag gearbeitet. Dann wurden Haus und Hof geputzt. Am Abend zog dann die Sonntagsruhe ein. Wenn am nächsten Morgen der Kaffeeduft durchs Haus wehte, wir beim Frühstückstisch die Radiopredigt von Professor Wagner aus Leipzig hörten und uns dann auf den Weg zum Gottesdienst machten – dann war richtig Sonntag.

Welche Bedeutung geistliche Lieder haben, auch das habe ich an meiner Mutter sehen können: Wir wohnten mit zwei älteren Schwestern meiner Mutter in einem Haushalt. Sobald der Tag sich neigte und die Dämmerung anbrach, setzten sich die Frauen zusammen und begannen, geistliche Lieder zu singen. „Stern, auf den ich schaue", „Ich bin durch die Welt gegangen", „Schönster Herr Jesus", „Der Mond ist aufgegangen", „Nun ruhen alle Wälder" – diese Lieder begleiteten mich durch meine ganze Kindheit. Diese Dämmerstunden brachten einen Hauch von Ewigkeit ins Zimmer.

Bis zu ihrem Tod lag das Evangelische Kirchengesangbuch auf dem Nachttisch meiner Mutter. Und in den

Zeiten, in denen sie nicht schlafen konnte, griff sie danach und sang die Lieder des Glaubens.

Meine Mutter kam aus der Diktatur des Nazireiches und landete in der „Diktatur des Proletariats". Musste man bei den Nazis auf der Hut sein, politisch nicht anzuecken, war das bei den Kommunisten nicht viel anders. Auch hier war die Angst allgegenwärtig. So schärfte sie mir ein: „Glaube ruhig in deinem Herzen, und mach beim Staat alles mit." Das habe ich auch versucht. Als angesehener Pionier durchlebte ich die Schulzeit. Nur bei der Frage „Konfirmation oder Jugendweihe" blieb Mutter standfest: „Wir sind Christen und machen keine Jugendweihe." Als ich mich dann im Alter von fünfzehn Jahren bekehrte und wirklich Christ wurde, wollte ich konsequent sein.

Ich weigerte mich, in die FDJ einzutreten, marschierte bei Maidemonstrationen nicht mehr mit, benutzte bei Wahlen zum Ärger der Behörden die Kabine, trug das Kugelkreuz der Jungen Gemeinden auf dem Anorak auch in der Schule, verweigerte den Waffendienst bei der Nationalen Volksarmee – da hat meine Mutter viele Ängste ausgestanden und mir manchmal zu einem eher stromlinienförmigen Kurs geraten.

Aber als ich mich dann für den Weg in den hauptberuflichen Verkündigungsdienst entschieden hatte, hat sie sich von Herzen gefreut und mir oft versichert, dass sie für mich betet. Und manches Mal, wenn mein Name in irgendeiner Publikation erschien, war sie sicher auch ein klein wenig stolz.

Sie lebte im Alter allein in einem kleinen Häuschen. Als sie aber nachts einmal die Treppe heruntergestürzt war, hielt ich es an der Zeit, ihr ein Zimmer in unserer Wohnung einzuräumen. Die Zeit in unserer Familie war für sie nicht einfach. Ich war als Diakon in der Jugendarbeit engagiert. Unser Leben war ihr zu turbulent, zu laut und zu unregelmäßig.

Damit unser Haus umfassend saniert werden konnte, mussten wir Mutter nach einem Schlaganfall in ein Pflegeheim einweisen. In der ersten Zeit kam sie schlecht damit zurecht. Die letzten zwei Jahre ihres Lebens aber war sie damit zum inneren Frieden gekommen.

Ein Bild von unserer letzten Begegnung hat sich bei mir tief eingeprägt: Nach unserer Verabschiedung stand sie noch lange am Fenster und winkte uns lächelnd zu. In der Nacht darauf ist sie gestorben. Wir haben eine gute Mutter gehabt.

Rainer Dick, geboren 1942 in Oberfrohna/Sachsen, Ausbildung zum Maschinenschlosser, Diakonenausbildung in Moritzburg, Gemeindediakon im Vogtland, Jugendwart in Werdau, von 1971-1996 Landeswart im Jungmännerwerk Sachsen (seit 1990 CVJM), von 1996-2007 Landessekretär im CVJM Bayern, seither Rentner. Seit 1966 verheiratet mit Adelheid, vier Söhne, drei Schwiegertöchter, drei Enkel. Wohnhaft in Schwabach.

FRAUENRECHTLERIN
DER BESONDEREN ART

Konrad Eißler

Meine Mutter war Frauenrechtlerin der besonderen Art. Natürlich hatte sie von Achtundsechzigern, Emanzipation und Frauenpower keinen Dunst. Diese revolutionären Gedanken beschäftigten sie nicht mehr, als sie im Jahre 1983 heimging. Aber die sechs Frauenrechte, von irgendjemand im Jahr 1932 formuliert und in einem Traktat verbreitet, hatte sie zu ihrem Lebensbrevier gemacht.

Lydia Eißler,
geb. Busch in Elberfeldt
(1898-1983)

1. Die Frau hat das Recht, die Sonne des Hauses zu sein.

Als ich die Rente für meine Frau beantragte, fragte der Beamte nach ihren Arbeitsstellen. Weil ich keine angeben konnte und ihm klarmachte, dass sie nur Hausfrau gewesen sei, sagte er kurz und bündig: „Schreiben wir: Nix geschafft!". Auch meine Mutter hatte „nichts gearbeitet", nur sechs Kinder großgezogen, sechs Schwiegerkinder dazubekommen und 45 Enkelkinder umsorgt, alles Lieblingskinder, von ihrer Liebe durchsonnt. Meine Mutter war immer zu Hause. Einen Beruf konnte sie gar nicht lernen. Denn als ihr Vater schon im Alter von 52 Jahren im Pfarramt einer Großstadtgemeinde plötzlich starb, stand ihre Mutter mit acht Kindern alleine da. Meine Mutter wurde deshalb für sechs Jahre an eine Tante ausgeliehen, die in ihrem Pfarrhaus zwölf Kinder großgezogen hat. Das war die „Familienhochschule" für unsere Mutter, wo sie gründlich vor- und ausgebildet wurde.

Dabei war sie alles andere als ein Heimchen am Herde. Wohl still, bescheiden, zurückhaltend, aber hellwach für die Zeichen der Zeit. Als der Gemeindepfarrer in einer mittäglichen Bibelstunde die wenigen Frauen darüber aufklären wollte, dass die Wunder Jesu nie geschehen seien, stand sie mittendrin auf und ging mit ihrem schlafenden Schoßkind nach Hause. Und als die Nazis ihr das Familienkreuz für sechs Kinder überreichen wollten, ließ sie die braunen Herren vor der Haustüre stehen. Bei ihr lernten wir die Sonnenseiten des Lebens kennen.

2. Die Frau hat das Recht geduldig zu leiden.

Der Zweite Weltkrieg warf tiefe Schatten auf ihr Leben. In der ersten Kriegsnacht wurde mein Vater eingezogen. „Es ist nur eine Übung", sagten die Parteibonzen. Aber der Vater wusste: „Mit einer Lüge fängt alles an." Aus der Übung wurde der Frankreichfeldzug, den er an der vorderen Front mitmachen musste.

Zu Hause stand seine Rechtsanwaltspraxis plötzlich still. Die Mutter musste zusehen, wie die Akten vom Tisch kamen. In dieser Zeit war sie manchmal mit einem Feldpostbrief plötzlich verschwunden. Dann saß sie in einem Zimmer und weinte bitterlich. Wir setzten uns um sie herum und weinten einfach mit.

Nach Abschluss des Frankreichfeldzuges durfte mein Vater nach Hause. Aber es blieb gefährlich für ihn, weil er aus seinem Nazihass keinen Hehl machte, Auslandsender hörte und vor Gericht Zigeuner verteidigte.

Mit der französischen Besetzung nach Kriegsende kam die große Hungersnot. Mutter sammelte Brennessel und kochte Gemüse. Jede geschenkte Rübe war ein unermesslicher Schatz. Einmal machten wir einen Ausflug zu einem Gemeinschaftstreffen. Zum Schluss gab es Brötchen, aber keiner von uns konnte eines ergattern. Ulrich, der Älteste, 17 Jahre alt und brandmager, erhob Vorwürfe, dass wir immer so blöd und bescheiden seien. Dann weinte die Mutter den ganzen Heimweg lang still vor sich hin.

Dass wir überlebten, war auch ihrem Fleiß zu verdanken. Sie pachtete verschiedene Gartengrundstücke. Nach dem Mittagessen zog sie gerne mit dem Leiterwagen los, um dort mit Kind und Kegel Kraut und Kartoffel zu ernten. Schön war es, wenn auch jenseits von Eden im Schweiß des Angesichts hart gearbeitet werden musste.

3. Die Frau hat das Recht zu einem langen Arbeitstag.

In aller Frühe machte meine Mutter Feuer im Herd, um für den Vater das nötige Rasierwasser warmzumachen. Es gab kein Bad, nur eine Küche mit einem einzigen Wasserhahn. Samstags wurde eine große Zinnwanne vom Speicher geholt und die ganze Kindermeute abgeschrubbt. Zuletzt stiegen auch noch die Eltern ins kühler gewordene Nass.

Bei uns war immer „Tag der offenen Tür". Mein Bruder Ulrich hatte sein Herz an die Musik verloren. Unter Mühen sammelte er einen Jugendchor, der die Gottesdienste bereicherte. Doch im Pfarrhaus, das auch Gemeindehaus war, wurde kein Proberaum zur Verfügung gestellt. „Die bringen zu viel Dreck ins Haus", hieß es im Pfarrhaus als Begründung. Selbstverständlich machte Mutter die Türen weit auf und funktionierte das Esszimmer, das tagsüber Speisesaal, Schulsaal, Spielsaal und Musiksaal war, kurzer Hand zum Probenraum um. Meine Mutter hatte wirklich ein weites Herz.

Abends ging es immer rechtzeitig ins Bett. Alle sechs Kinder schliefen mit im Elternschlafzimmer. Wenn die Mutter hereinkam, still, freundlich, gütig, dann war Stille. Es bedurfte keiner harten Worte von ihr. Jeder Einzelne betete, zum Schluss sie selber. Wenn sie nicht zu müde war, gab es noch eine biblische Geschichte. Immer wieder waren in ihrem Gebet die Worte dabei: „Eine Mauer um uns baue, dass dem Feinde davor graue." Solche Augenblicke gaben uns ein tiefes Gefühl der Geborgenheit.

Der Vater tauchte erst dann auf, wenn alle im Bett waren und für ihn das Abendbrot gerichtet war. Wie war das gemütlich, wenn im Nebenraum die Eltern miteinander redeten. Manchmal wachten wir so lange, bis sie ihr Nachtgebet sprachen und darin all ihre Kinder einschlossen. Für meine Mutter war das mehr als nur ein Achtstundentag, nämlich ein mit vielerlei Verrichtungen prall gefüllter und von reichem Leben erfüllter Arbeitstag.

4. Die Frau hat das Recht, mit wenig Geld viele glücklich zu machen.

Mein Vater war ein guter Jurist, aber ein schlechter Kaufmann. Es fiel ihm schwer, Rechnungen zu schreiben. Die Zeitung titelte bei seinem Tod im Jahre 1962: „Anwalt der Entrechteten ist tot." Die Mutter musste zusehen, wie die Einnahmen und Ausgaben einigermaßen im Gleichgewicht gehalten wurden. Trotzdem blieb sie dabei, dem Notleidenden ihre Hand zu öffnen.

Kaum war der Krieg vom Zaun gebrochen, erlebten wir die ersten Kriegsgefangenen. Im eiskalten Winter mussten diese hungernden und frierenden Männer stundenlang Schnee schippen. Trotz strengem Verbot ging meine Mutter zum Bäcker und kaufte ein Netz voller Brezeln. Dann lief sie zurück und warf die Backwaren zu den Schuftenden in den Schnee. Schnell und heimlich wurden sie von den Ärmsten aufgelesen und weggesteckt. Wir beobachteten vom Fenster aus diese Speisung der Gefangenen und hatten Todesangst um unsere Mutter. Was wäre passiert, wenn sie dabei erwischt worden wäre? Einer anderen Frau wurden öffentlich die Haare abgeschnitten, weil sie den Kriegsgefangenen zu nahe gekommen war.

Einmal stand ein Lastkraftwagen direkt unter unserem Fenster, auf dem sich viele Gefangene befanden. Schnell holte die Mutter einen Laib Brot aus dem Brotfach, damals ein fast unbezahlbarer Schatz. Den schnitt sie in dicke Scheiben, und meine Schwester durfte dieses „Himmelsbrot" hinunterwerfen. Der Aufpasser im Führerhaus bemerkte die Unruhe erst, als das Manna schon gegessen war.

Grauenhaft war der Einmarsch der französischen Armee im April 1945. Fünf deutsche Landser hatten sich von der Truppe entfernt und bei uns Unterschlupf gesucht. Anfangs verpflegten sie sich von mitgebrachten Büchsen.

Aber irgendwann waren sie aufgebraucht und sie wurden unsere Gäste. Wie meine Mutter es schaffte, alle zu verköstigen, weiß ich nicht.

Schließlich wagten die Männer den Heimweg zu Fuß. Dazu benötigten sie aber Zivilkleidung. Mutter versorgte sie aus Vaters Kleiderschrank.

Mutters großes Glück waren dann die zurückgelassenen Uniformen. Denn daraus schneiderte sie für meinen Bruder und mich die Konfirmationsjacken. Darin sahen wir allerdings eher wie Unteroffiziere aus, die ohne Achselklappen unehrenhaft aus der Armee entlassen worden waren. Trotzdem waren wir über die Jacken glücklich, auch meine Schwestern, die das gute Tuch in den folgenden Jahren noch auftragen mussten.

5. Die Frau hat das Recht, immer wieder zu vergeben, ohne sich dabei etwas zu vergeben.

Ich glaube nicht, dass in der Ehe meiner Eltern viel zu vergeben war. Sie waren jahrelang verlobt, weil man erst dann heiratete, wenn die Arbeitsstelle eine Familie ernähren konnte. Er hatte sie in den Ferien als Vetter der Base zweiten Grades kennen und lieben gelernt. Nie erlebte ich einen harten Wortwechsel zwischen meinen Eltern. Streit war geradezu undenkbar. Beide verband eine glückliche Harmonie, die immer wohltuend auf die ganze Umgebung ausstrahlte. Deshalb war auch die Kriegszeit, in der der Vater im Feld war, für meine Mutter unendlich schwer. Und ihr zwanzigjähriges Witwendasein hat sie leidend getragen.

Als ich sie einmal kurz vor ihrem Heimgang gefragt habe, wie sie denn das Leben allein empfunden habe, meinte sie: „Der Schmerz ist nie kleiner geworden." Von Anfang an war ihre Ehe ein großes Glück. Wenn der Vater abends erschöpft von der Praxis nach Hause kam, erwartete ihn Friede, Geborgenheit, Ordnung und eine Frau, die zuhören und mit ihm reden konnte. Auch wenn meine Mutter ein Leben lang nur Hausfrau war, hatte sie einen ungeheuren Einfluss auf ihren Mann. Sie wurde so zur wichtigsten Person in der Familie. Beide hätten es Matthias Claudius nachsprechen können: „Ich war wohl klug, da ich dich fand, doch ich fand nicht, Gott hat dich mir gegeben. So segnet keine andere Hand."

6. Die Frau hat das Recht, sich immer auf den Herrn zu verlassen.

An einem Märztag des Jahres 1983 trugen wir sie nach schwerer Krankheit zu Grabe. Der 126. Psalm gab den Ton an: „Der Herr hat Großes an uns getan. Des sind wir fröhlich." In der Predigt wurde es so gesagt: „Erinnerungen werden wach. Nicht nur Milch und Honig ist geflossen, auch Kaffee und Kakao. Ströme der Liebe haben alles überschwemmt. Diese Frau hatte ihr Herz nicht auf der Zunge. Es war aber hineingebacken in Berge von Kuchen, hineingekocht in Seen von Suppen, hineingepackt in unzählige Pakete. Keiner der 45 Enkel ging leer aus.

Ihre Wohnstube war eine Brunnenstube göttlicher Liebe. Sicher ging es auch durch Tiefen, auch durch Armut und Sorgen. Manchmal stand sie am Abgrund des Todes. Aber der Herr hat immer wieder eingegriffen und eine Tür aufgetan. Er hat immer wieder neu gestärkt und nach dem Heimgang des Vaters noch 20 Jahre des Glücks drangehängt. Er hat immer wieder auf die Füße gestellt. ‚Gott hat es alles wohl bedacht, und alles, alles recht gemacht. Gebt unserm Gott die Ehre.‘ Auf ihn ist Verlass. Mit ihm ist keiner verlassen. Wenn wir zurückbleiben, müssen wir sagen und singen: Der Herr hat Großes an ihr getan. Der Herr hat Großes an uns getan. Des sind wir fröhlich.

Konrad Eißler, geboren 1932 in Oberndorf/Neckar, Theologiestudium in Tübingen, Hamburg und Ohio (Master of Theology), Pfarrer in Königsbronn, Chefredakteur des Evangelischen Gemeindeblattes von Württemberg, Pfarrer an der Stuttgarter Stiftskirche. Im Nebenamt Vorsitzender des CVJM-Landesverbands, der Stuttgarter Allianz und der Württembergischen Bibelgsellschaft. Verheiratet, sieben Kinder; 24 Enkel. Lebt im Ruhestand auf der Schwäbischen Alb.

EIN GRAMM MUTTER IST MEHR WERT ALS EIN PFUND KLERUS

Friedrich Hänssler

E s gibt einen etwas spitzen schottischen Ausspruch: „Ein Gramm Mutter ist mehr wert als ein Pfund Klerus". Das ist wohl ein „Loblied für die Mutter", in das ich gerne einstimmen möchte.

Meine Mutter Friederike Hänssler, geb. Leitenberger, kam 1887 zur Welt. Ihre Jugend war geprägt von großer Armut. Ihre Mutter starb bei ihrer Geburt. Die Stiefmut-

Friederike Hänssler,
geb. Leitenberger
in Ruit auf den Fildern
(heute Ostfildern)
(1887-1960)

ter war ihren Aufgaben wenig gewachsen. Schon als Kind musste Friederike im Sommer schon vor Schulbeginn ihrem Vater, der als „Straßenwart" für das Umfeld der Landstraße zuständig war, mit der Sense beim Grasmähen helfen.

Die Überanstrengung und der Allgemeinzustand beeinflussten ihren rachitischen Körperbau negativ. Das änderte sich auch nach ihrer Schulzeit nicht. Selbst als sie täglich mehrere Kilometer zu Fuß in die Weberei gehen musste, war trotz großer Anstrengung, spätem Nachhausekommen, die Mithilfe bei der väterlichen Aufgabe unwiderrufliche Pflicht. Für heutige Verhältnisse kaum nachzuvollziehen.

Vielleicht hat diese Notsituation die Sehnsucht nach Gott, nach seiner Liebe und Fürsorge erst so richtig entfacht. Als junges Mädchen wurde sie zu einer Zeltevangelisation in Stuttgart-Bad Cannstatt eingeladen. Dort sprach Jakob Vetter, der Gründer der Deutschen Zeltmission. Seine eindeutige Verkündigung bewirkte eine Hingabe ihres Lebens an Jesus Christus, dem sie hinfort diente. Sie sang fröhlich Glaubenslieder. Eine Begegnung mit dem indischen Evangelisten Sadhu Sundar Singh beeindruckte sie stark.

Als Haushaltshilfe bekam sie eine Anstellung im Hause eines kleinen Unternehmers und besuchte von nun an, was in ihrer Familie unüblich war, die regelmäßigen Gottesdienste. Als aufmerksamer Predigthörer konnte sie anschließend Predigten wiedergeben und lernte sehr viele Gesangbuchlieder auswendig.

Der Sonnenschein in ihrem jungen Leben wurde plötzlich durch Wolken verdunkelt. Ihre Schwester, die erste Frau meines Vaters, starb innerhalb weniger Stunden an der asiatischen Grippe, nachdem zuvor ihr dreijähriges Kind zu Grabe getragen wurde. Mit einem einjährigen Kind war nun mein Vater alleine und brauchte dringend Hilfe. Er bat dann meine Mutter, die Schwester seiner ersten Frau, ob sie nicht seine Frau werden wollte. Das war für sie keine leichte Entscheidung, zumal sich eine immer stärker auswirkende Asthmaerkrankung zeigte.

Meine Mutter sah in dieser Anfrage eine klare Wegführung Gottes und brachte sich in den gerade neu gegründeten Verlag meines Vaters tatkräftig mit ein. Mit ganzer Hingabe widmete sie sich der neuen Aufgabe. Die Weitergabe des Evangeliums war ihr wichtig, und sie sah darin eine Lebensaufgabe. Ich könnte mir nicht denken, wie mein Vater die Verlagsarbeit ohne ihren praktischen Einsatz bewältigt hätte.

Schwere Zeiten brachen über sie herein, als zwei ihrer Kinder kurz nach der Geburt starben. Fast untragbar war für sie, als ihre 17-jährige Tochter Anna von einer im Dorf grassierenden Diphtherie-Epidemie erfasst wurde und wenige Tage später verstarb. Anna war für sie ein wirklicher Sonnenschein, und trotz dem festen, im Wort Gottes gegründeten Glauben begann für sie eine etwas depressive Phase. Dazu gesellten sich noch die immer schwieriger werdenden Verhältnisse durch die Macht des Nationalsozialismus. Es war schwierig, die Angriffe auf die Versammlung der Gläubigen, auf die Kirche, den Verlag und auch auf die Familie zu bestehen. Zudem hatte meine Mutter immer wieder Krankheitszeiten zu überwinden. Als sie einmal wieder dem Tode sehr nahe war, besuchte sie der Gemeinschaftsinspektor des Gemeinschaftsverbandes. Er fragte sie: „Rickele, (das ist die schwäbische Form von Friederike) wie geht es Dir?" Darauf antwortete die Schwerkranke nur: „Friede wie ein Wasserstrom", und zitierte damit Jesaja 48,18. So lebte sie im Wort Gottes. Die Bibel war ihr lieb und wichtig.

Auch Gebet bestimmte ihr Leben. Meist betete sie kniend und für viele Menschen namentlich. Dabei hatte sie die ganze Welt im Blick. Ihre Mitarbeit im Deutschen Frauen-Missions-Gebetsbund war ihr nicht Pflicht, sondern Freude.

Sie nahm sich eigentlich nie Zeit für Urlaub. Das hatte auch finanzielle Gründe, mehr aber wohl noch die Aufgabe an Menschen, die heimatliche Bodenhaftung und die Verantwortlichkeit für ihr Umfeld. Als es nach vielen Jahren der Familie gelang, sie zu einem Urlaub in einem Freizeitheim zu bewegen, wurde sie zum Bahnhof gebracht. Noch auf den Stufen zu den Bahngleisen blieb sie stehen, drehte sich um zu den Abschiedwinkenden und sagte nur laut und deutlich: „Heim, ach, nur heim."

Ihre Liebe zu mir zeigte sich in vielfältiger Weise. So zum Beispiel im regelmäßigen Schreiben von Briefen, als ich während des Krieges Soldat war. Oder, wie sie mich später, trotz starkem Asthma und großem Kraftaufwand, in meiner Universitätsstadt Tübingen besuchte.

Für viele Menschen im Dorf hatte sie etwas übrig, manchmal bis an den Rand ihrer körperlichen Möglichkeiten. Nachts klammerte sie sich oft lange an die geöffneten Fenster im Schlafzimmer, um während eines Asthmaanfalls nach Luft zu ringen.

Die ersten Enkel waren für sie eine große Freude. Es schien, als wollte sie alle Liebe, die sie ihren eigenen drei Kindern, die bereits gestorben waren, zugedacht hatte, auf die Enkel konzentrieren.

Bis heute bewegt mich, wie sie, als körperlich leidende Frau, den Gottesdienstbesuch fast nie versäumte und immer noch irgendwelche Gottesdienstbesucher zum

Mittagessen oder anschließend an die Nachmittagsversammlungen zum Kaffee einlud. Das war praktische Bibelauslegung und gelebte Gemeinschaft.

Kurz vor ihrem frühen Tod wollte sie mir noch eine Armbanduhr kaufen. Zusammen mit meiner Frau suchte sie im Uhrengeschäft eine gute Uhr aus. Auf meine kritische Rückfrage hin, ob das denn unbedingt sein müsse, sagte sie schlicht: „Es könnte mein letztes Geschenk sein." Das war es dann auch. Ein Aneurysma beendete ihr irdisches Leben. Als mein Vater mich in der Nacht sofort anrief, ich auch innerhalb weniger Minuten an ihrem Sterbebett stand, war sie bereits tot. Ein erfülltes Leben war beendet. Bis heute, etwa 50 Jahre nach ihrem Tod, bin ich für diese mir so bedeutsame, mich auch durchaus prägende Mutter unendlich dankbar. Sie war mir ein lebender Beweis des biblischen Dreiklanges: Gottes Wort – Gebet – Gemeinschaft, für mich ein bleibendes Vorbild. Sie lebte, wie Graf Zinzendorf das einmal ausdrückte, mit ihren Kindern als vertrauter Freund, dem sie ihr Herz heraussagen durften.

Ein Erlebnis soll das noch deutlich machen. Als Junge bekam ich einmal ein Kleinfahrrad geschenkt. Das war völlig unerwartet. Natürlich für mich eine ganz besondere Sache. So wollte ich eines Tages zu meinen nur etwa 100 Meter entfernten Freunden mit dem Fahrrad fahren. Mein Vater verbot mir das. Trotzdem fuhr ich los, und es kam, wie es kommen musste: Ich machte einen großen Sturz und zog mir am Bein eine klaffende Wunde zu (man kann die Narbe heute noch sehen). Blutend ging ich zurück. Mein Vater beantwortete meinen Ungehorsam zunächst mit einer kräftigen Tracht Prügel. Ich hatte eigentlich auf Mitleid gehofft, dem war aber nicht so, mindestens nicht offensichtlich. Dann erst sandte er mich zur Mutter, damit sie mich verbinden sollte. Das war für mich schöpferische Barmherzigkeit, ihr mütterlicher Trost für meinen Schmerz. Eigentlich war dieses Verhalten meiner Eltern eine Demonstration von Rechtsstandpunkt und Gnadenerweis. Der Prophet Jesaja drückt das großartig aus: „Ich will euch trösten, wie einen seine Mutter tröstet" Jesaja 66,13.

Gewiss kann auch die wunderbarste Mutter nur ein schwaches Abbild vom bleibenden Trost Gottes sein, aber immerhin ein Wegweiser zur großen Liebe des himmlischen Vaters. Das war mir meine liebe Mutter. Man könnte über ihr oft so beschwerliches Leben schreiben, wie Johannes Calvin formulierte: „Nichts tröstet mächtiger als die Gewissheit, mitten im Elend von der Liebe Gottes umfangen zu werden".

 Friedrich Hänssler, geboren 1927 in Stuttgart, Studium der Theologie und Musikwissenschaften, tritt 1950 in den von seinem Vater Friedrich Hänssler sen. gegründeten Verlag ein und wird Verleger. 1987 erhält er in Würdigung seiner Verdienste um die Verbreitung christlicher Wertmaßstäbe das Bundesverdienstkreuz. 1992 verleiht ihm Ministerpräsident Erwin Teufel die Verdienstmedaille des Landes Baden-Württemberg. Im März 2001 überreicht ihm Landesbischof Eberhardt Renz die Silberne Brenz-Medaille als höchste Auszeichnung der Evangelischen Landeskirche in Württemberg, und im Oktober 2001 wird Friedrich Hänssler mit dem Bundesverdienstkreuz 1. Klasse ausgezeichnet. Verheiratet, sechs Kinder, zwölf Enkel, wohnt in Holzgerlingen.

MUTTER COURAGE

Dr. Rolf Hille

Sollte ich meine Mutter Luise Beyer, geb. Hille, mit einem knappen Begriff charakterisieren, so fällt mir der Titel des Bühnenstücks von Bertolt Brecht ein: Mutter Courage. Gewiss, die Brecht'sche „Chronik aus dem Dreißigjährigen Krieg" ist weit von den Lebensumständen meiner Mutter entfernt. Noch gewichtiger ist die inhaltliche Distanz zu jener Marketenderin, die durch ihre Verwicklungen in das Unrecht des Krieges ihre Geschäfte macht. Aber Mut brauchte sie auch, meine Mut-

Luise Beyer,
geb. Hille
in Gangelt, nahe der
holländischen Grenze
(*1913)
mit Sohn Rolf

ter. Am 30. November 1913 wurde sie geboren. Und wer am Anfang des 20. Jahrhunderts in Deutschland zur Welt kam, der hatte schwere Zeiten vor sich. Der Lebensmut war ihr nicht einfach in die Wiege gelegt, sondern sie musste ihn erwerben und sich in den Krisen darin bewähren. Dabei spielt ihre Verwurzelung im evangelischen Glauben eine grundlegende Rolle.

Ihre Eltern stammen aus dem kleinen Dorf Untermünkheim bei Schwäbisch Hall. Von jener alten Reichsstadt gingen entscheidende Anstöße zur Reformation im Herzogtum Württemberg aus. Johannes Brenz, ein Schüler Martin Luthers, wirkte an der dortigen Stadtkirche. Neben dem Luthertum haben der Pietismus und die Erweckungsbewegung in der württembergischen Kirche deutliche Spuren hinterlassen, durch die auch die Vorfahren meiner Mutter nachhaltig geprägt wurden. Die evangelische Tradition prägte besonders meine Großmutter tief. Wenn ich an sie und meine Mutter denke, kommt mir oft das Wort des Apostels Paulus an seinen Mitarbeiter Timotheus in den Sinn: „Denn ich erinnere mich an den ungefärbten Glauben in dir, der zuvor schon gewohnt hat in der Großmutter Lois und in der Mutter Eunike; ich bin gewiss, auch in dir." (2. Tim. 1,5)

Der Vater meiner Mutter entstammt einer Bäckerfamilie mit einer 250-jährigen Tradition; ihre Mutter war Tochter des Bürgermeisters, der mit seiner Familie vom Land- und Weinbau lebte. Da mein Großvater den Bäckerberuf aus gesundheitlichen Gründen aufgeben musste, wurde er Zollbeamter. In dieser Funktion musste er mehrfach umziehen. So wurde meine Mutter an der holländischen Grenze geboren und verbrachte ihre Jugend in Rüdesheim, Hanau, Bad Ems und Koblenz. Sie hat diese Wechsel gut verkraftet und dadurch eine erstaunliche Flexibilität entwickelt, die auch mir später zugute kam. Daneben hat sie offensichtlich auch etwas von der rheinischen Frohnatur in ihr Wesen aufgenommen.

In seinen späteren Dienstjahren wurde mein Großvater als Zollinspektor nach Heilbronn am Neckar berufen. Am 4. Dezember 1944 flogen britische und amerikanische Verbände einen Großangriff auf Heilbronn und legten die mittelalterliche Stadt mit ihren Fachwerkhäusern in Schutt und Asche. Der Feuersturm kostete binnen zwanzig Minuten mehr als 7000 Zivilisten das Leben. Das Haus, in dem meine Großeltern mit ihren Kindern wohnten, ging ebenfalls in Flammen auf. Als die Verwandten in Untermünkheim von der Katastrophe hörten, brachten sie die Familie mit einem Pferdefuhrwerk in die alte Heimat.

In diesen schwierigen Zeiten lernte meine Mutter meinem Vater kennen und wurde mit mir schwanger. Besonders mein preußisch gedrillter Großvater empfand die uneheliche Schwangerschaft als Skandal. Ich spürte auch später als Kind immer wieder seine kritische Haltung mir gegenüber. Nach heutigen Maßstäben wäre ich aus wirtschaftlichen und psychosozialen Gründen durchaus Kandidat für eine Abtreibung gewesen. Aber meine Mutter hatte den Mut, mich auszutragen. Im Rückblick wird mir deutlich, wie sehr ich meiner Mutter für die Gabe des Lebens dankbar bin. Ich lebe gerne und habe die elementare Freude am Leben auch in schwierigen Situationen nie verloren. Das verbindet sich bei mir mit dem Gefühl, ich hätte den Mut zum Sein gleichsam mit der Muttermilch eingesogen. In den Monaten der Schwangerschaft kam es zu einer tiefen inneren Umkehr bei meiner Mutter, durch die ihr der anerzogene christliche Glaube zu einer persönlichen Herzenssache wurde. Ich war aufgrund von Ernährungsproblemen als Säugling todkrank geworden. In dieser Not legte sie das Gelübde ab, meinen Vater, der sich offen als Atheist bekannte, nicht zu heiraten, falls ich mit dem Leben davonkomme. Das bedeutete, dass sie bereit war, den damaligen Makel einer alleinerziehenden Mutter mit der zusätzlichen Belastung eines Berufs auf sich zu nehmen.

Meine Großeltern zogen als Ruheständler von Untermünkheim nach Heilbronn zurück. Meine Mutter schloss sich an, da sie als „Fräulein vom Amt" bei der Telefonzentrale eine Stelle gefunden hatte. Ihre beruflichen Träume hatten sich durch Krieg und Nazizeit völlig zerschlagen. Ursprünglich hatte sie mit ihrem Abitur Sport- und Hauswirtschaftslehrerin werden wollen. Sie erzählte später gelegentlich von ihren Berufswünschen, aber sie hing ihnen nicht nach. Das hätte ihr nur die Kraft geraubt, die sie für ihren harten Alltag brauchte. Den Mut, Dinge, die man nicht ändern kann, anzunehmen und das Beste daraus zu machen, hat sie mir vorgelebt.

So ergriff sie die Chance, bei der Post in eine gesicherte Beamtenstellung zu kommen. Diese situationsbezogene Entscheidung hat sie nie bereut. In Heilbronn bezog sie mit mir eine Einzimmerwohnung, deren Schlafbereich vom Wohnteil durch einen großen Kleiderschrank abgetrennt war. Die Küche und Toilette mussten wir mit einer fremden Frau teilen, was zu mancherlei Konflikten führte. Die Probleme verstärkten sich unter anderem dadurch, dass meine Mutter mit kritischen Äußerungen anderen gegenüber nicht gerade zimperlich war, sondern unverblümt ihre Meinung sagte. In kritischer Distanz zur Verhaltensweise meiner Mutter habe ich die Neigung entwickelt, eher diplomatisch zu sein und Schwierigkeiten lieber zu ertragen, als eine Auseinandersetzung zu provozieren.

In diesen ersten Heilbronner Jahren war ich tagsüber in einer Kinderkrippe untergebracht. Hatte meine

Mutter Frühdienst, ging es schon um sechs Uhr morgens mit dem Fahrrad los. Hatte sie Spätschicht, brachte mich meine Oma oder die Tante, die bei der Bahn eine Arbeit gefunden hatte, zu Bett. Bei aller Unruhe der Nachkriegszeit bin ich für die innere Kontinuität dankbar. Immer wurde mit mir ein Abendgebet gesprochen und das Lied „Der Mond ist aufgegangen" gesungen. Das gab mir einerseits ein Gefühl der Geborgenheit und förderte andererseits früh meine Selbständigkeit. Was ich intuitiv an meiner Mutter schätzte, war ihr pragmatischer Realismus, mit dem sie die schwierigen Lebensumstände bejahte und das Beste daraus machte. Jammern war nicht ihre Art, und Selbstmitleid war für sie ein Fremdwort. Das hat mich beeindruckt. Jede Minute ihrer freien Zeit verbrachte sie mit mir und versuchte mit ihren wenigen Mitteln, meine Kindheit so schön wie nur möglich zu gestalten.

In dieser Zeit lernte meine Mutter einen Mann kennen, den sie heiratete. 1951 wurde meine Schwester geboren. Der Mann starb jedoch schon sehr früh. So stand meine Mutter, die Gott sei Dank ihre berufliche Position nicht aufgegeben hatte, mit zwei Kindern da und musste sich durchschlagen. Da meine Großeltern mittlerweile eine entsprechend geräumige Wohnung gemietet hatten, lebten wir von da an als Großfamilie mit meiner Tante, meiner Mutter und uns beiden Kindern unter einem Dach. Da mein strenger Großvater jedoch nur jeweils ein Kind akzeptierte, musste das andere immer wieder zu Pflegeeltern gegeben werden. So verbrachte ich das zweite Grundschuljahr bei der Familie meiner anderen Tante in Westfalen.

Es war der Ehrgeiz meiner Mutter, dass ich es im Leben zu etwas bringe. Ihre Hoffnung war ganz im Sinne ihres eigenen beruflichen Weges, ich möge Postrat werden.

So förderte sie mich schon während der Grundschulzeit nach Kräften und hatte auch das Gymnasium fest im Blick. Ich erinnere mich noch lebhaft an Diktate wie: „Der Spatz sitzt auf dem Zittergras" und ähnliche knifflige orthographische Aufgaben. Daneben sorgte sie aber auch für Abwechslungen aller Art, vom Volksfest angefangen, wo sie sich ohne zu zögern mit mir in die Achterbahn setzte, bis hin zu Schlittenfahrten im Winter und einem regelmäßigen Urlaub im Sommer. Gleichzeitig war sie zu großen Opfern bereit und sparte gemeinsam mit der Heilbronner Tante auf den Kauf einer Eigentumswohnung. Als wir diese 1958 erworben hatten, nahmen wir, um die Restschuld rasch zu tilgen, in den vier Zimmern noch einen Studenten zur Untermiete auf. Diese Sparsamkeit hatte für mich zwei Seiten. Ich hatte z. B. eine Wollhose bekommen, die ich, nachdem ich sie einige Jahre brav als Hose getragen hatte, in den folgenden Jahren noch als Unterhose anzuziehen hatte. Als ich die Schuhgröße meiner Mutter erreicht hatte, wurde ich auch schon mal mit ihren Damenschuhen zur Stadtranderholung geschickt. Eine Grundüberzeugung meiner Mutter war: „Mach dich nicht vom Urteil anderer Leute abhängig. Wir gehen unseren eigenen Weg." Den hat sie allerdings oft zum Maßstab gemacht, an dem sie andere gemessen hat. Skeptisch wurde ich immer, wenn ich aus der Schule nach Hause kam und meine Mutter zum Beispiel ankündigte, es gebe heute ein besonders gutes Essen mit vielen Eiern. Ich wusste dann, dass es sich um einen süßen Brei handelte, den ich nun gerade nicht mochte. Das war dann ihre Art der Diplomatie, die ich recht bald durchschaute und auf die ich entsprechend reagierte.

In späteren Jahren hatte sich meine Mutter zur Fernmeldesekretärin mit festen Dienstzeiten hochgearbeitet. Vor und nach der Arbeit widmete sie sich dem Haushalt und versuchte, uns Kindern, von kleineren Aufgaben abgesehen, ganz für die schulischen Belange und die Freizeit freizugeben.

In all diesen Jahren bestimmte die praktische Frömmigkeit unseren Alltag. Neben Gebeten in der Familie gehörten der sonntägliche Gottesdienst und am Abend die Gemeinschaftsstunde zum festen Programm. Spenden für Missionswerke und Gastfreundschaft waren meiner Mutter wichtig. Einmal hatte ich wieder einige Freunde zur Übernachtung eingeladen. Da mehr Gäste als geplant gekommen waren, musste der letzte mit seiner Luftmatratze unter dem Esstisch seinen Platz finden. Als meine Mutter nach Hause kam, fragte sie schlicht, ob alles o.k. sei und wünschte ihm eine gute Nacht. Über die vielen Freunde, die meine Schwester und ich nach Hause mitbrachten, beschwerte sie sich nie.

Als ich meiner Mutter eröffnete, dass ich vorhabe, Theologie zu studieren und Pfarrer zu werden, war sie freudig erstaunt und hat mich in jeder Beziehung auf diesem Weg unterstützt. Ihr Engagement für die Familie setzte sie im Ruhestand fort und war mit größter Selbstverständlichkeit auch für ihre insgesamt fünf Enkel da. Besonders durch ihre treue Fürbitte hat sie die verschiedenen Stationen meines vielfältigen beruflichen Weges intensiv begleitet.

Romantik lag meiner Mutter eher fern. Als ich sie 1999 zu einer ökumenischen Konferenz nach Jerusalem mitnahm und damit ihren langgehegten Wunsch erfüllte, das Heilige Land kennenzulernen, sagte sie angesichts des hinreißenden Blickes auf die beleuchtete Altstadt von Jerusalem: „Das sieht auch nicht viel anders aus als Heilbronn bei Nacht." Aber ansonsten hat sie die Studienreise zu den biblischen Städten stark fasziniert.

Was sie sich gar nicht vorstellen konnte, war jemals in ein Altersheim zu gehen. Als meine Frau, meine Mutter und ich einmal anlässlich eines Tages der offenen Tür vom Manager einer Altenwohnanlage durchs Haus geführt wurden, fragte sie mich mit ihren neunzig Jahren ganz erstaunt: „Rolf, willst du denn jetzt schon ins Altenheim gehen?" Dass diese Aktion etwas mit ihr zu tun haben könnte, kam ihr überhaupt nicht in den Sinn.

Inzwischen leidet meine Mutter mit ihren 96 Jahren an einer sehr schnell voranschreitenden Demenz. Tagsüber lebt sie im betreuten Wohnen und ab dem späten Nachmittag bei meiner Schwester. Im Sommer 2009 sind meine Frau und ich nach Heilbronn gezogen. Das gibt uns nach Jahrzehnten beruflicher Tätigkeiten fern der Mutter die Gelegenheit, sie öfters zu uns einzuladen. Vor allem zu meiner Frau hat sie ein ganz inniges Verhältnis entwickelt. In der zunehmenden Nacht des Vergessens überrascht sie mich immer wieder mit Choralversen, die sie noch auswendig kann. Oft betet sie alle vier Strophen ihres Lieblingsliedes, das Graf Nikolaus von Zinzendorf für seine Missionare gedichtet hat: „Jesu, geh voran auf der Lebensbahn! Und wir wollen nicht verweilen, dir getreulich nachzueilen: führ uns an der Hand bis ins Vaterland." So geht sie fest im Glauben und mit viel Mut die letzte Wegstrecke ihres irdischen Lebens in der Erwartung der himmlischen Heimat, die kommt. Ich habe ihr unendlich für alle Fürsorge, Förderung, Fürbitte und Liebe zu danken.

Rolf Hille, 1947 in Schwäbisch Hall geboren, 1967 Abitur in Heilbronn. Ab 1968 Studium der evangelischen Theologie in Tübingen und Heidelberg und Erste Theologische Dienstprüfung, 1973/74 Kirchenfunkredakteur beim Saarländischen Rundfunk, 1974-1976 Erster Redakteur beim Informationsdienst der Evangelischen Allianz (idea, Wetzlar), 1976/77 Vikariat mit Zweiter Theologischer Dienstprüfung und Ordination in Schorndorf (Württ.) und dort Pfarrvikar 1979, 1979-1982 wissenschaftlicher Mitarbeiter für Systematische Theologie an der Johannes-Gutenberg-Universität Mainz. 1982-1984 Generalsekretär der Studentenmission in Deutschland. 1984-1989 Studienleiter am Pfarrseminar der Ev. Landeskirche in Württemberg in der Vikarsausbildung, 1986 Berufung in das Exekutivkommitee der Theol. Kommission der Weltweiten Evangelischen Allianz (WEA), 1989-1995 Studienleiter am Albrecht-Bengel-Haus, Tübingen. 1990 Promotion zum Doktor der Theologie an der Ludwig-Maximilians-Universität, München. Seit 1993 Vorsitzender des Arbeitskreises für evangelikale Theologie, 1994-2000 Vorsitzender der Deutschen Evangelischen Allianz, 1995-2009 Rektor des Albrecht-Bengel-Hauses, 1996-2008 Vorsitzender der Theologischen Kommission der WEA, 2000 Magisterexamen in Philosophie an der Eberhard-Karls-Universität Tübingen. Seit 2009 freigestellt für ein wissenschaftliches Forschungsprojekt im Fachbereich Systematische Theologie. Drei Kinder, drei Enkel, wohnt mit Ehefrau Dorothea, geb. Lutteroth, in Heilbronn.

GLÜCK GEHABT

Uwe Holmer

ch sitze als kleiner Junge hinter unserem zweistöckigen Mietshaus und spiele im Straßensand. Es ist Sommer. Die Fenster stehen offen. Meine Mutter ist beim Abwaschen und singt mit ihrer hellen Stimme die Lieder, die wir in der Landeskirchlichen Gemeinschaft singen:

ganz links: Christine Holmer, geb. Laffrenzen in Süderstapel/Schleswig-Holstein (1902-1989) mit Familie

O Liebe, goldner Sonnenschein
fürs arme Menschenherz,
strahlst du nur hell in mich hinein,
versüßt ist jeder Schmerz;
das Dunkel weicht, die Nacht entflieht,
wenn warm die Sonne scheint;
und Freud und Lebenswonne zieht
hinein ins Herz, das weint.
O Gotteslieb, so voll und frei
von alters her und immer neu.
Sie quillt für mich, sie quillt für dich
und zieht uns alle hin zu sich.
Ein anderes lautet so:
Wenn Friede mit Gott meine Seele durchdringt,
ob Stürme auch drohen von fern,
mein Herze im Glauben doch alle Zeit singt:
mir ist wohl, mir ist wohl in dem Herrn.

Durch meine Kindesseele zieht ein tiefes Glücksgefühl.
Ich freue mich, eine zufriedene, singende Mutter zu haben. Sie liebt mich, und ich liebe sie. Immer ist sie für
uns fünf Geschwister da. Mehr Glück brauche ich
nicht.

Es kam auch vor, dass meine Mutter sich setzte und ein
wenig ausruhte. Und dann geschah es schon mal, dass sie
mich in ihrem schleswig-holsteinischen Platt rief: „Kumm,
mien Utscher-Butscher unn sett di mol upp mienen
Schoot." „Utscher" war ein Anklang an meinen Vornamen. Und „Butscher" wurden wohl die kleinen Jungen in
ihrer Heimat gerufen. Und dann drückte sie mich und
wiegte mich und sagte schon mal: „Du bist ja doch mein
lieber Butscher." Ich fühlte mich „wie in Abrahams
Schoß" und sprang dann gern wieder ins Leben hinein. Ob

es daran liegt, dass auch ich später gern meine Kinder mal so auf den Schoß nahm? Eins ist mir gewiss: Gemüt wird im Menschen nicht durch Willen und Verstand gewirkt, sondern durch Gemüt, Nähe und Wärme. Ein frohes Gemüt aber macht zuversichtlich und stark fürs Leben.

Ich habe damit „Glück gehabt", dass meine Mutter ihr Leben mit uns fünf Kindern teilte. Sie sah es als die ihr von Gott gegebene Aufgabe an, uns in dem für das ganze Leben entscheidenden Kleinkindalter selber zu prägen.

Jetzt, Jahre später, sehe ich, dass sie damit ein wichtiges Erziehungsprinzip des Schöpfers übernahm: Die Mutter macht ihr Kind dadurch lebenstüchtig, dass sie mit ihm zusammenlebt. Das ist bei Kuh und Kälbchen so, auch bei Pferd und Fohlen, wie auch bei fast allen Tieren. Aber auch Jesus hat seine Jünger geprägt, indem er sein Leben mit ihnen teilte. Gewiss, irgendwann kam dann die Zeit, wo das Leben uns abnabelte, wo wir selbstständig wurden und das Leben allein meistern mussten. Aber die Prägung, den „Charakter" haben wir von der Mutter – und in anderer Weise auch vom Vater erhalten. Heute sehe ich, wie wichtig es war, dass unsere Mutter selbst eine gute Prägung erfahren hatte, nämlich von Jesus, vom Wort Gottes und in gewisser Weise auch von ihrem Mann. Sie wollte das auch. Darum gingen die Eltern regelmäßig unter Gottes Wort und nahmen uns mit. – Unsere Prägung? Sie geschah fast nebenbei, einfach im Zusammenleben.

Ich weiß es noch wie heute, es war beim Abwaschen, ich musste abtrocknen. Wahrscheinlich hatte ich einen toten Vogel gefunden. Da erzählte meine Mutter mir, dass alle Lebewesen sterben müssen, auch wir Menschen. Erschrocken fragte ich: „Ich auch?" Sie: "Ja, du auch. Aber wenn wir dem Herrn Jesus gehören, dann kommen wir nach dem Tod in den Himmel. Und dort ist es viel, viel schöner." So erfuhr ich, dass wir Menschen zum Himmel berufen sind. Und von da an hatte ich das eine Ziel: Ich will in den Himmel kommen. So hat mir meine Mutter beim Abwaschen den Lebenshorizont erweitert und „die Ewigkeit in mein Herz gesenkt".

Ab dem Alter von zehn Jahren musste jeder Junge in die Hitlerjugend eintreten und die Mädchen in den BDM (Bund deutscher Mädel). Wer nicht ging, wurde, wie z.B. der Sohn unseres Pastors, mit der Polizei in die „Pflicht–HJ." abgeholt. Weitaus die meisten aber gingen gerne, ich auch. Da war wenigstens „etwas los". Dort wurde Sport getrieben. Es wurden Geländespiele gemacht und viele fröhliche Volkslieder gesungen. Dass dort auch Soldaten- und Nazilieder gesungen wurden, war uns nicht anstößig. Und die Uniform trugen wir gern. Der Sohn des Bankdirektors und der Sohn des Arbeiters marschierten im gleichen Schritt. Wir schwärmten von Kameradschaft und Parolen wie „Gemeinnutz geht vor Eigennutz". ... Meine Eltern waren anfangs nicht gegen Hitler, hatte er doch allen Arbeitslosen Arbeit gegeben und Deutschland aus der wirtschaftlichen Depression heraus wieder zu nationalem Selbstbewusstsein geführt. Ja, er hatte sogar erklärt, er sei für ein „positives Christentum", was vielen Christen in Deutschland den Blick für den dämonischen Charakter Hitlers versperrte. Aber nach und nach gab es einfach zu viele Ereignisse, die auch bei meinen Eltern Zweifel erweckten. Eines Tages, ich war wohl 15 Jahre alt, kam ich von der Schule nach Hause. Meine Mutter stand in der Wohnstube und hatte „Das schwarze Korps", die Zeitung der SS in der Hand. Sie sah mich an und sagte: „Geh bloß nicht mal zur SS." Ich entgegnete: „Die SS – das sind die zackigsten Soldaten. Die kämpfen wenigstens. Sie lassen sich nicht gefangen nehmen. Die kämpfen bis zuletzt!" So hatte ich es in der Hitlerjugend gelernt. Meine Mutter aber sagte: „Ja, aber sie müssen auch Juden erschießen und Gefangene erschießen." Ich war sehr betroffen. Nein, das wollte ich nicht. Ich liebte doch Abraham und David und Jesus und das Volk Gottes. Plötzlich spürte ich, dass ich schon viel zu lange den Gegensatz zwischen Nationalsozialismus und biblischem Christentum verdrängt hatte. Meine Mutter schob eins nach: „Am besten, du meldest dich überhaupt nicht freiwillig zu den Soldaten." Das tat ich dann auch nicht. Aber schließlich waren es in meinem Jahrgang nur ganz wenige Hitlerjungen, die sich noch nicht freiwillig gemeldet hatten. So bekamen wir Letzten den „dienstlichen Befehl", uns freiwillig zu melden. Als ich nach einiger Zeit auch das nicht getan hatte, wurde ich vor etwa 100 Hitlerjungen beschimpft, blamiert und „wegen Befehlsverweigerung" degradiert.

So musste ich mich dann doch schließlich „freiwillig" melden. Aber als ich wieder die Meldung zur SS unterschreiben sollte, blieb ich hartnäckig, und es gelang mir, mich zum „Heer" zu melden. Ich wurde danach noch einmal vor etwa acht HJ-Führer befohlen und wurde dort beschimpft und zum Feigling erklärt. Und doch bin ich danach sehr froh nach Hause gelaufen. Mir ist daraus die Devise erwachsen, die mir auch später mehrfach half: „Handle nach deinem Gewissen – und du bist frei". Heute bin ich dankbar, dass meine Mutter mich damals mit einem einzigen Gespräch beim Stubefegen aus der Verführung der Hitlerjugend herausgeholt hat.

Täglich hat unsere Mutter uns geprägt, meist völlig unbewusst und unbemerkt. Ich erinnere mich nicht, dass meine Mutter sich einmal extra hingesetzt hätte, um uns zu lehren. Einmal jedoch flatterte ein Brief des Lehrers ins Haus: „Uwe muss mehr lesen üben." Da genügten vielleicht drei Wochen, täglich mit ihr fünf bis zehn Minuten zu lesen, und das Problem war erledigt. Nie habe ich meine Mutter bei einer Lüge ertappt. Daher nahm ich ihr ab, was sie sagte. Nie hat meine Mutter respektlos vom Vater gesprochen, obgleich er sicher nicht fehlerlos war. Nie hat sie mit uns gemeinsame Sache gegen den Vater gemacht. Und wenn ich mal bettelte: „Sag das doch bitte nicht Papa", hat sie geantwortet: „Was wichtig ist, verschweige ich Papa nicht." Da habe ich für mich selber und meine Ehe etwas über das Geheimnis von ehelicher Vertrautheit gelernt.

Im ersten Timotheusbrief, Kap. 2,15 schreibt Paulus: Die Frau „wird selig werden dadurch, dass sie Kinder zur Welt bringt" und dadurch dass sie ihnen ein geistliches Leben zu vermitteln sucht. Man kann diesen Satz missdeuten und missbrauchen. Unsere Mutter hat sich nie auf diesen Satz berufen. Aber sie fand in ihrer Arbeit trotz aller Mühe Befriedigung und Lebenserfüllung. Und wir Kinder können sagen: Das hat gute Lebensfrucht getragen.

Einmal hat unsere Mutter eine Arbeit neben dem Haushalt aufgenommen. Sie war ja schließlich Bankangestellte und tüchtig in ihrem Fach. Nach etwa einem Jahr hat sie die Arbeit wieder aufgegeben. Sie hat einfach gespürt, sie schafft es nicht. Das war eine ganz nüchterne Überlegung. Wenn man nicht beides schafft, muss man Schwerpunkte setzen. Sonst wird das Leben zur Plage, weil man sich übernimmt und weil dann trotzdem alles nur mangelhaft wird. Da steht man vor der Frage: Was ist mir letztlich wichtig? Es gibt kein Bibelwort, das die Mutter anweist, neben der Arbeit in Haus und Familie keine

Berufstätigkeit auszuüben. Auch für das Gegenteil gibt es keine biblische Weisung. Diese Entscheidung überlässt die Bibel uns selbst. Denn unser aller Situation und Kraft ist unterschiedlich. Aber das macht die Bibel ganz klar: Diese Frage ist mit Gott zu besprechen, im Gebet und mit dem Ehepartner und manchmal auch mit den Kindern. Denn Gott will uns „ein gesundes Denken" geben. „Besonnen" sollen wir leben, sagt der Apostel Paulus z.B. in Titus 2,12. „Besonnen" ist ein etwas schwieriges Wort. Wörtlich übersetzt heißt es „weise denken", „ein gesundes Denken entwickeln". Das mutet die Bibel uns also zu, dass wir die Fragen unseres Lebens gründlich durchdenken und dass wir Gott um Weisheit bitten für unser Denken, damit wir „besonnen" leben.

Meine Eltern entschieden sich dafür, von nur einem mäßigen Gehalt zu leben. Dass wir ein gesundes Familienleben hatten, war ihnen vor allem wichtig. Die Konsequenz: Sparen! Es wurde nur das gekauft, was wichtig war. Und es wurde lieber einmal mehr gefragt: Brauchen wir das wirklich? Dieses Sparen aber machte uns letztlich froh, weil es uns unabhängig machte von der Jagd nach immer mehr und dem Habenwollen dessen, was alle haben. Für die Bewältigung meines späteren eigenen Familienlebens war das eine gute Schulung. Denn auch als Pastor in der DDR lebten wir nur von einem ebenfalls mäßigen Gehalt. Gern haben wir dann den Spruch zitiert: Reich ist, wer viel hat – reicher ist, wer wenig braucht – am reichsten ist, wer viel gibt. So haben meine Mutter und mein Vater mich ausgerüstet für mein eigenes Leben. Darf ich sagen: Meine Mutter hat mich stark gemacht für dieses Leben?

 Uwe Holmer, geb. 1929 in Wismar, Studium in Rostock und Jena, Landpastor in Mecklenburg, von 1967-1983 Leiter der Bibelschule in Falkenberg, von 1983-1991 Leiter der Hoffnungstaler Anstalten Lobetal, von 1991 bis zum Ruhestand Leiter des Diakonischen Zentrums für Suchthilfe in Serrahn/Mecklenburg; im Jahr 1990 für zehn Wochen Gastgeber für den wohnungslosen ehemaligen Staatsratsvorsitzenden der DDR Erich Honecker und seine Frau Margot; Mitglied im Hauptvorstand der Ev. Allianz und in der Leitung der Deutschen Evangelistenkonferenz u.a.; 1995 verwitwet, verheiratet in zweiter Ehe mit Christine, verwitwete Lander; zehn Kinder, 47 Enkelkinder, wohnt im Ruhestand in Serrahn

Die eingerückten Abschnitte sind Zitate aus: Uwe Holmer: Der Mann bei dem Honecker wohnte, 2009, Hänssler Verlag, Holzgerlingen

BEHARRLICHER UND EINFACHER GLAUBE

Peter Ischka

Ich danke meiner Mutter Dorothea Ischka, geborene Meletz, für das Beispiel ihres einfachen, aber beharrlichen Glaubens, der viel Widerstand ertragen und überwunden hat. Sie hat damit eine solide Grundlage in meinem Leben gelegt und mitgewirkt, dass ich die lebenswichtige Entscheidung für Jesus treffen konnte. Aber nicht nur das. Ihre stillen und anhaltenden Gebete begleiteten die weitere Entfaltung meines bewegten Glaubenslebens.

Meine Mutter „Dorli", wie sie ihre Freundinnen nannten, hatte mit Sicherheit kein einfaches Leben. Mein jüngerer

Dorothea Ischka, geb. Meletz in Hirt, Kärnten, Österreich (1918-2005)

Bruder Andreas und ich waren die Kinder aus ihrer zweiten Ehe, die auch nicht zu der erhofften glücklichen Beziehung geführt hat. Mein Vater war verbittert aus der amerikanischen Gefangenschaft zurückgekehrt. Was nur ansatzweise „amerikanisch" erschien, verabscheute er abgrundtief. Alles, was über ein Taufschein-Christentum hinausging, empfand er als von den USA manipuliertes und nicht in unsere Kultur passendes Sektierertum. Damit stellte er sich oft gegen seine Frau. Meine viel ältere Halbschwester aus Mutters erster Ehe tröstete sie in solchen Phasen und war ihr eine verlässliche Glaubenspartnerin. Was meine Mutter sonst eher im Verborgenen und allein tat, wenn Vater auf Arbeit war, holte sie mit meiner Halbschwester nach, wann immer diese zu Besuch kam. Gemeinsam nutzten sie die Zeit und lasen die täglichen Losungen des Herrnhuter Losungsbüchleins und die vorgeschlagenen Bibelstellen.

Meine Großmutter hatte zu Hause ein äußerst strenges Regiment geführt. Nichts konnte man ihr recht machen. Oma habe ich nie bewusst kennenlernen können, denn ich war erst im Krabbelalter, als sie verstarb. Mutter erlernte von ihr das Schneiderhandwerk für anspruchsvolle Trachtenkleider. Sicher war es der steinigere Weg, dies in der Werkstatt der eigenen Mutter zu tun, der nichts gut genug war. Es ist ein Wunder, dass meine Mutter frei von dieser hartherzigen Strenge bleiben konnte. Sie war wirklich die Güte in Person. Sicher hat sie sich irgendwann bewusst dafür entscheiden, niemals je so wie ihre Mutter werden zu wollen.

Ich wuchs in der Eisen-Industriestadt Leoben, in der österreichischen Steiermark auf. Geld war nie üppig vorhanden. Es wurde der Bau eines Eigenheims in Angriff genommen, und dafür musste jeder Groschen gespart werden. Nie war ein Urlaub drin, wir hatten kein Auto, und unsere Kleidung kam aus Mutters Werkstatt. Wir lebten in einer einfachen Kellerwohnung, und alle freie Zeit floss in Form von Eigenleistung in den Bau des Eigenheims.

Sonntags mussten mein Bruder und ich natürlich in den Kindergottesdienst der evangelisch-lutherischen Kirche. Darum kümmerte sich schon Mutter, dass wir keinen versäumten. Der Weg vom neuen Zuhause dorthin war recht weit, denn wir waren von der Innenstadt an den ländlichen Stadtrand gezogen. Für Vater war es von dort viel näher zur Arbeit. Aber zur Kirche bedeutete das einen Fußmarsch von mindestens einer Stunde. Wir hätten auch den Bus nehmen können, aber wir sparten das Geld für einen ganz speziellen Zweck. Damals war noch nirgends die Rede von Sonntagsöffnungszeiten. Aber wunderbarerweise hatte jeden Sonntag ganz in der Nähe der Kirche eine Konditorei offen. Dafür sparten mein Bruder und ich das Geld. Auch das Geld für die Kollekte, das uns Mutter mitgab, floss oft zur Gänze in süße Investitionen. Kaum einer der kleinen Besucher des Kindergottesdienstes konnte der Versuchung widerstehen. Aber Mütter haben da einen ganz besonderen Sensor. Obwohl unsere Mutter nie dabei war, hat sie auch das irgendwann herausgefunden – wie auch so manche andere krumme Tour, die wir Jungs unternahmen, wenn wir gemeinsam unterwegs waren. Und wie gesagt: Der Weg zur Kirche war ja weit ...

Auch wenn die Gottesdienste des alten Herrn Pfarrer nicht unbedingt kindgemäß waren, hat mich das Geschehen irgendwie gefesselt. Obwohl er eher streng als einladend war, kam der kindliche Wunsch in mir auf, auch einmal Pfarrer zu werden. Meine Spielgefährten dachten da eher an Cowboy oder Automechaniker. Mutter griff meinen Wunsch auf und fädelte es ein, dass ich einmal zu Hause einen Gottesdienst veranstalten sollte, um Pfarrer zu spielen. In unserem Haus hatten wir einen Raum als „Bauernstube" eingerichtet. Das war das eigentliche Wohnzimmer. Dort spielte sich alles ab, wenn wir Besuch hatten oder ein festlicher Anlass in der Familie war. In dem Raum stand ein spezielles Kästchen in der Ecke, das sich gut zum Altar umgestalten ließ. Zwei schöne Kerzen darauf und die aufgeschlagene Bibel – und schon war das kirchliche Ambiente geschaffen. Mutter suchte aus ihrem Trachtenfundus eine schwarze Schürze aus schön schillerndem Samt heraus, die ich mir als Talar umhängen konnte. Dann vergatterte sie alle in der Familie zum Mitmachen. Es war gerade wieder ein Wochenende, an dem auch meine Schwester auf Besuch war. Ich imitierte einfach den alten Pfarrer, wie ich es vom Kindergottesdienst her kannte. Einige Bruchstücke aus der Liturgie, ein Lied und dann las ich so recht und schlecht einen Abschnitt aus der Bibel vor. Lesen war eigentlich meine große Schwäche. In der Grundschule führte es immer zu Schweißausbrüchen, wenn ich dran war, einen Abschnitt irgendeines Textes vorzulesen.

Aber bei diesem „Hausgottesdienst" ging es ganz gut. Alle machten mit, auch der Vater, der katholisch war und seine Kirche höchstens an Weihnachten und vielleicht noch zu Ostern besuchte. Meine Mutter und meine Schwester unterstützten mich sehr, und wenn ich in dieser Gottesdienst-Improvisation irgendwie Schwierigkeiten bekam, dann halfen sie mir weiter, ohne dass es groß auffiel.

Irgendwie stand Mutter in Kontakt mit dem Missionswerk von Anton Schulte. Immer wieder bekam sie Post von dort. Wenn ich mich recht erinnere, stammte auch das Losungsbüchlein von dort. Immer wieder im Sommer gab es ein Missionszelt von diesem Missionswerk in unserer Nähe. Natürlich schickte uns Mutter auch dorthin. Das machte gigantischen Spaß, war es doch eine gewisse Mischung aus Zirkus und Kindergottesdienst. Das eröffnete auch jede Menge Möglichkeiten, Schabernack zu treiben. Wir ignorierten Absperrungen und rannten rund ums Zelt, um irgendwelche Spiele zu spielen...

Bei solch einer Zeltmission hörte ich das erste Mal ganz deutlich, dass jeder Mensch eine Entscheidung für Jesus treffen müsse. Es hatte mit der Vergebung all der Dinge zu tun, die wir falsch gemacht hatten. Unsere Lausbubenstreiche blieben ja meist nicht unbemerkt. So wurde ich gelegentlich zur Rede gestellt, und mir war es daher nicht fremd, dass ich Vergebung nötig haben könnte. So traf ich als Grundschüler während einer Zeltmission eine erste Entscheidung für Jesus. Aber noch änderte sich nichts Wesentliches in meinem Leben.

Später achtete Mutter darauf, dass ich immer wieder an Freizeiten teilnehmen konnte. Dabei lernte ich viele interessante Menschen kennen, aber auch neue Perspektiven für ein Glaubensleben. Inzwischen war ich selbst Mitarbeiter bei der kirchlichen Jugendarbeit. Aber es fehlte ihr an christlicher Substanz. Wir kamen zwar regelmäßig zusammen, aber es gelang nie, gemeinsam in der Bibel zu lesen oder gar zu beten. Es war eher ein Unterhaltungsprogramm, das zufällig in der Kirche stattfand.

Auf einer solchen Freizeit, an der ich mit einigen Jugendlichen aus unserer Kirche teilnahm, kam ich endlich einen entscheidenden Schritt auf dem Weg mit Jesus weiter. Das war in den Schladminger Tauern auf einer Bergfreizeit, auf der wir wanderten und in der Bibel lasen. Einer von den Leitern, damals Elektrotechnik-Student, widmete sich uns vier Jungen sehr. Ich erinnere mich gerne an diese intensive Zeit zurück. Wir machten alles gemeinsam – wandern, spielen und über die Bibel reden. Wir sprachen über sehr persönliche Fragen, und der Mitarbeiter ist sehr einfühlsam auf uns Typen eingegangen. Da begriff ich: Jesus will wirkliche Nachfolger. So traf ich auf dieser Bergfreizeit mit vierzehn Jahren die eigentliche Entscheidung, Jesus nachzufolgen. Danach hat sich mein Leben in der Tat verändert. Auch wollte ich anderen unbedingt von Jesus erzählen. Das führte zu Spannungen mit meinem Vater. Er schimpfte: „So etwas Amerikanisches kommt mir nicht ins Haus!" Auszubaden hatte so etwas immer Mutter. Mein Vater redete dann einfach zwei Wochen kein Wort mehr mit ihr. Wenn ich in meinem jugendlichen Überschwang begeistert etwas von Jesus weitergab, bekam das meine Mutter als Erste ab. Sie hat es aber immer ertragen. Ohne aufzubegehren.

Es führte auch zu Spannungen mit der Kirche, denn missionarische Aktivitäten waren da nicht vorgesehen. Damals kam ich mit OM (Operation Mobilisation) in Verbindung, und jeden Sommer kamen Teams zu uns in die Stadt. Mutter hat trotz Vaters Widerstand das Haus geöffnet, so dass das OM-Team über Monate bei uns wohnen konnte. Natürlich hatten einige Englisch als Muttersprache. Das war Anlass für Vater, jeden einzelnen über seine eigene negative Einstellung zu allem Amerikanischen stundenlang „ins Gebet zu nehmen". War mir das peinlich! Und Mutter wurde auf der anderen Seite wieder mit Schweigen bestraft.

Aus der Arbeit mit den OM-Teams entstand in weiterer Folge eine evangelikale Freikirche in der Stadt. Mit ihrer Hingabe und ihrem Dienst trotz all der Anfeindung hat meine Mutter einen wichtigen Anteil an der Mission in unserer Stadt gehabt. Obwohl sie der evangelisch-lutherischen Kirche immer treu blieb, hat sie in ihrer Unterstützung der Freikirche keine Abstriche gemacht, auch wenn sich meine kirchliche Ausrichtung dadurch mit der Zeit änderte. Ich war ein unruhiger Zeitgenosse. Ich gab mich mit dem Status quo des durchschnittlichen Glaubenslebens nie zufrieden. Ich stellte Fragen. Während andere mich zu beschwichtigen suchten, hörte meine Mutter eher zu und schloss diese Fragen in ihre Gebete ein. Sie hatte einen einfachen Glauben, den sie theologisch nicht besonders klar artikulieren konnte. Sie hatte auch auf viele meiner Fragen keine Antworten, aber irgendwie drückte sie etwas aus, das mich zu der Überzeugung brachte, dass es auf alle menschlichen Fragen göttliche Antworten gibt. Und sie hat meinem Glauben nie eine Grenze gesetzt.

Im Mai 2005 hat meine Mutter im Alter von 87 Jahren ihren Wohnsitz an himmlische Orte verlegt. Inzwischen wird sie auf die Fragen, die ich ihr aufgegeben hatte, die wohl kompetentesten Antworten erhalten haben, die es überhaupt nur geben kann.

Ich danke ihr, dass sie mir einen einfachen, aber starken Glauben vorgelebt hat und meinem Glauben nie Grenzen setzte. Auch danke ich ihr, dass sie nie aufgegeben hat. So oft wäre das Leben für sie dadurch, menschlich gesehen, viel einfacher geworden. Ich denke, sie hat den Siegespreis erhalten, nach dem auch ich mich weiterhin ohne Kompromisse ausstrecke.

Peter Ischka, geboren 1956 in Leoben, Österreich. 1972-1977 Ausbildung zum Maschinenbauingenieur; 1977 Pilgerreise auf den Spuren von Paulus; 1982 Gründung der Agentur für kreative Kommunikation; 1980-1990 Gemeindegründung in Graz/Österreich und Gemeindeleitung; 1989-1991 Mission in der Türkei; 1992–1996 Herausgeber der evangelistischen Zeitschrift „EXTRABLATT"; 1995 Umzug mit der Familie nach Baden-Württemberg; 1996–1999 Aufbau der christlichen Stiftung „Opportunity International Deutschland"; 1999–2008 Direktor der Internationalen Bibelgesellschaft Deutschland; seit 2003 Entwicklung und Herausgabe des „City-NT"; 2004 Gründung und seitdem Vorstand von „Mission is possible" e.V.; Buchautor und -herausgeber, Verleger, Referent; verheiratet mit Britta, drei erwachsene Kinder.

WENN ALLE ÄNGSTLICHEN
SO MUTIG WÄREN

Johannes Jourdan

Meine Mutter Mathilde, geb. Volkmann, kommt nicht aus einem ausgeprägt christlichen Eltern- haus. Ihre Mutter war katholisch, jedoch nur aus Tradition. Die Folge davon war eine innere Entfrem- dung vom christlichen Glauben, obwohl sie ihre drei Töchter ihrem Mann zuliebe evangelisch taufen ließ.

Meine Mutter wählte für ihre Ausbildung als Sonderschul-Lehrerin jedoch aus Überzeugung die Diako-

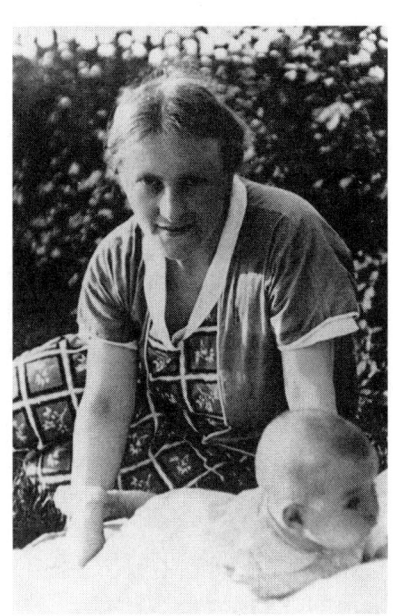

*Mathilde Jourdan,
geb. Volkmann
in Elberfeld
(1895-1986)*

nischen Anstalten Kaiserswerth. Ihre erste Anstellung erhielt sie im Jahr 1920 in der Diakonischen Anstalt Hephata-Treysa bei Kassel.

Der Rektor dieser Schule, Ludwig Braun, war mit meinem Vater Gottlob Jourdan, der in Brauns Schule gewirkt hat, befreundet. Braun arrangierte in seinem Haus für Mathilde Volkmann und ihn einen Kaffeeplausch. Daraus ergab sich 1921 die Eheschließung und bis in das Jahr 1931 die Geburt von fünf Söhnen. Der vierte Bub starb an den Folgen der Pockenschutz-Impfung.

Ich wurde als zweitgeborener Sohn auf den Namen Johannes Gottlob Ludwig getauft. Jahrzehnte später las ich eine Notiz in einem Brief meiner Mutter: „Unsere Buben haben uns in der Kleinkindzeit viele unruhige Nächte bereitet. Nur der Hans lag ruhig in seinem Bettchen und philosophierte so vor sich hin." Erst da fiel mir auf, dass alle Jourdan-Buben germanische Namen hatten. Nur ich hatte einen biblischen Namen. Vielleicht hing dies mit der Tatsache zusammen, dass ich am Himmelfahrtstag 1923 geboren wurde. Auch mein Zweitname ist christlich, nämlich der meines Vaters Gottlob, den normalerweise ja der Erstgeborene erhält. Ich denke, dass dies kein Zufall war.

Meine Mutter stammte aus einer wohlhabenden Verwandtschaft in Wuppertal. Sie wollte damit aber nichts zu tun haben und am liebsten in einem alten Bahnwärterhäuschen mit einer Wiese und einer Ziege am Pflock leben. Doch so eng ging es bei uns nicht zu. Wir hatten mehr Wohnraum, nämlich vier Zimmer für 60,- Mark Monatsmiete. Vater verdiente nur 300,- Mark im Monat. Deshalb erhielten wir Schulgeldermäßigung. Dennoch waren wir immer knapp bei Kasse. Aber kein Bettler ging mit leerem Herzen und leeren Händen aus dem Haus.

Im Jahr 1934 bestellte meine Mutter für mich einen Geigenlehrer. Ob er gut war, weiß ich nicht. Für meine Mutter war nur wichtig, dass er Jude und arbeitslos war. Nach der sogenannten Kristallnacht trugen die Juden den Judenstern. Meine Mutter hielt ihnen aber die Treue. In Begleitung jeweils eines der beiden jüngsten Söhne ging sie nun um so entschlossener in das Judenviertel, brachte dem Schuster Schuhe zum Reparieren und brachte anderen Bekleidung und Essen. Ein mit meinem Vater befreundeter Kaufmann schickte uns mehrmals eine Weihnachtsgans, die aber immer verschwand. Meine Mutter brachte sie – ein gewagter Akt – in das Judenviertel, obwohl sie eigentlich eine ängstliche Natur war.

Meinem Vater war durch die NS-Zeit das Arbeitsfeld eingeengt worden. Doch die sonntäglichen Jugend- und Volksmissionsfeste in den ländlichen Gemeinden von Kurhessen und Waldeck waren noch möglich. Dort habe ich eine sehr intensive missionarische Auslegung des Evangeliums gehört, wenn vielleicht auch die weiten Fahrten im Ford V8 und die Gastlichkeit der jeweiligen Quartiergeber die größere Anziehungskraft hatten. Mein Vater, der auch die „Evangelischen Wochen" in Kassel organisierte und in der Bekenntniskirche mit Martin Niemöller und Gustav Heinemann zusammenarbeitete, war ein kraftvoller Redner und wurde als solcher von der Gestapo beobachtet. Zweimal wurde er verhört. Sein unerschrockener Einsatz für Gott hat mich in meiner geistlichen Haltung stark geprägt. Meine Mutter hatte eine starke Ader für die praktische Bewältigung des Alltags. Sie ließ uns Kinder zum Beispiel nach dem Baden sagen: „Ich friere nicht, ich friere nicht..." Denn der Körper hört auf den Geist.

Meine Brüder waren später in Industrie und Handel tätig. Ich wollte als junger Mensch vieles werden, aber nicht Pfarrer. Auch meine Mutter war dagegen. Sie war der Meinung, ich sei zu schüchtern. Bevor ich mit 17 Jahren Soldat wurde und mit 18 Jahren vor Leningrad als Panzerfunker zum Einsatz kam, hatte meine Mutter auch verhindert, dass ich mich auf ein Musik-Studium vorbereitete.

Die zwei Söhne, die Soldaten waren, kehrten 1945 aus dem Kriegsgeschehen in Russland zurück. Ich war nach drei Jahren in Russland im Juli 1944 als Sanitätsunteroffizier zum Medizinstudium nach Deutschland versetzt worden.

Im Juni 1945 wurde ich aus dem Gefangenen-Lager Kreuznach entlassen. Mein Vater wurde im selben Jahr Direktor der Erziehungsanstalt Beiserhaus im nordhessischen Rengshausen. Diese Einrichtung der Inneren Mission besaß einen Gutshof von 300 Morgen mit einem Gestüt Oldenburger Warmblutpferde. Ich schloss einen Lehrvertrag für eine landwirtschaftliche Ausbildung ab und wurde Gespannführer mit dem Hengst Garant und der alten Stute Lotte. Nebenbei lernte ich beim Schuhmachermeister der Anstalt die Anfangsgründe der Schuhmacherei und half auch in der Erziehung der 170 gestrauchelten Jugendlichen aus Frankfurt, Berlin, Hamburg und anderen Orten mit.

Da im Dezember 1945 die Philosophische Fakultät der Uni Marburg eröffnet wurde, schrieb ich mich dort für Philosophie, Religionswissenschaft und Theaterkunde ein. Schließlich war meine Mutter ja Lehrerin und mein Vater Jugenderzieher. Und ich hatte einige Jahre lang Geige gelernt. Da muss man ja nicht unbedingt in den Beruf der väterlichen Vorfahren zurück, die nach der Flucht der Waldenser aus dem katholisch regierten Südfrankreich um das Jahr 1700 als Kleinbauern in Württemberg lebten. Das fröhliche Jesus-Zeugnis eines mir unbekannten beinamputierten jungen Mannes veranlasste mich, im April 1946 zur Theologie zu wechseln. Meine Mitgliedschaft im CVJM Kassel-Wolfschlucht seit 1933 erwies sich als gute Vorbereitung auf mein Theologiestudium. Fünfzig Jahre später begegnete ich diesem beinamputierten Mann wieder, und er gab sich mir zu erkennen und sagte: „Hans, das war ich."

Als mein Vater die Leitung der Erziehungsanstalt antrat, übernahm meine Mutter ehrenamtlich die Leitung der Küche für 170 Jugendliche und einen Teil der Erzieher, bis später diese Funktion in professionelle Hände kam. Große Worte über ihre lebenslangen diakonischen Dienste machen, war nicht ihre Sache. Sie sang lieber die alten Lieder der Christenheit. Weil auch mein Vater gern sang und sogar eigene Liedtexte veröffentlichte, da er darüber hinaus eine ganze Reihe von biblisch geprägten Broschüren verfasst hat und meiner Mutter nach ihrem ausgezeichneten schriftlichen Lehrerinnen-Examen das mündliche erlassen wurde, steht fest, dass ich von beiden Seiten her das Erbgut und Vorbild habe. Ich habe bisher 14 Bücher veröffentlicht, die vor allem Lyrik und seit einigen Jahren meine philosophisch-biblische Stellungnahme zum Verhältnis von Verstehen und Glauben enthalten.

Das Beiserhaus war ohne Kriegsschäden davongekommen. Es beherbergte nun die Sekretärsschule des CVJM. Der Neuaufbau ökumenisch-christlicher Jugendarbeit brachte dort Christen vormals verfeindeter Nationen zusammen. Diese ersten freundschaftlichen Begegnungen waren ein Brückenschlag über alte Gräben. Hier konnte mein Vater als Gastgeber viele Gäste begrüßen: Martin

Niemöller und Dr. Hermann Ehlers, den späteren Bundestagspräsidenten, Dr. Erich Stange und Gustav Adolf Gedat sowie den Präsidenten des weltweiten CVJM (YMCA) aus den USA. Auch aus Afrika und Schweden kamen Gäste.

Meine Mutter erwies sich als kompetente Gastgeberin. Von meinem Vater habe ich zwar das Motto „Und sie sahen Jesus allein" (Matth. 17,8) übernommen, von meiner Mutter aber wurde mir das Wort Jesu deutlich: „Wer die Wahrheit tut, der kommt in das Licht." (Joh. 3,21) Nur wo die Wahrheit durch die Tat in Bewegung kommt, wird sie zum Licht. Die Welt braucht die Einheit von Gottesliebe und Nächstenliebe, die von Jesus kreiert und in einer gewagten Weise als gleichwertig, als Ganzheit verkündet wurde (Matth. 22,37 ff). Die Menschheit braucht eine Kultur der Diakonie. Sie braucht den Dienst, der durch den Verdienst nicht pervertiert wird. Wo der Dienst nur in der Weise existiert, dass er abgerechnet wird, stellt der Mensch seine Zukunft in Frage. Denn der Mammon ist ein brutaler Herrscher, der selbst für seine Fehltritte Boni verlangt. Er bringt das Kapital in Verruf, das in seiner Zuteilung an alle als Absicherung für unser täglich Brot – zu dem auch die Lebensfreude gehört – nötig ist. Es wäre eine Utopie, für alle Menschen den gleichen Anteil am Kapital zu fordern, aber rücksichtsloses Scheffeln von Geld müsste als Verbrechen eingestuft werden. Diese These hat nichts mit Karl Marx, aber sehr viel mit meiner Mutter zu tun. Unser Christsein sollte als ein Menschsein verstanden werden, in dem das Dienen ein Wahrzeichen der Freiheit und ein Akt der Freude ist. Zu erleben, wie Menschen, die in Not sind, aufatmen, wenn sie Hilfe erfahren, macht froh und dankbar.

Darum bin ich dankbar für alle Gelegenheiten, helfen zu können, damals als Krankenpfleger in einem

Schwerstverwundeten-Lazarett am Ende des Zweiten Weltkrieges, bei den vielen Gelegenheiten im Pfarrdienst einer Kirchengemeinde, im Beistand für eine chronisch kranke Tochter dreißig Jahre hindurch, und in den letzten drei Jahren in der Führung unseres Haushaltes und in der Betreuung meiner Frau, die in den letzten 15 Monaten ihres Lebens bettlägerig und schließlich zehn Monate lang blind war. Meine Frau starb im 90. Lebensjahr am 2. Dezember 2009.

Ich bin drei Jahre jünger und bin dankbar für meine körperliche Gesundheit, die mir Gott schenkt, wie auch für die geistige Fitness, die mir auch weiterhin ermöglicht, Lieder zu schreiben und Bücher philosophisch-biblischen Inhaltes zu verfassen.

 Johannes Jourdan, 1923 in Kassel geboren. Ab 1940 Kriegsdienst in Russland, 1946-1950 Theologiestudium in Marburg, Bethel und Tübingen. 1952 Wechsel von der Landeskirche Kurhessen-Waldeck nach Hessen-Nassau. Seit 1957 Schöpfer zahlreicher christlicher Liedertexte, seit 1964 Mitglied im Verband deutscher Schriftsteller. Ab 1968 Kleinverleger und ehrenamtlicher Konzertmanager. Bis 1986 Gemeindepfarrer in Darmstadt und Ausbilder für Vikare, Lektoren und Prädikanten. Verwitwet, wohnt in Darmstadt, fünf Kinder und drei Enkel.

IM GUTEN SINN DES WORTES
EINE FROMME FRAU

Reinhard Kawohl

Siebzehn Jahre war ich erst alt – oder jung – als ich meine Mutter, die ich sehr liebte und ohne die ich mir das Leben kaum vorstellen konnte, abgeben musste. Sie starb nach schwerer Krankheit und wurde an einem warmen Sommertag begraben. Es ist schön und tut mir gut, mich an sie zu erinnern und die Ströme des Segens Gottes zu erkennen, die noch immer durch mein Leben fließen.

Else Kawohl, geb. Wilk in Hannover-Linden
(1902-1961) mit Sohn Reinhard und Tochter Irmgard

Mein Vater war Prediger einer landeskirchlichen Gemeinschaft; seine Ehefrau, Else Kawohl, arbeitete nach Kräften mit. Als wir im Jahre 1951 aus dem grauen „Kohlenpott", aus Duisburg nach Wesel ins Grüne umzogen, war ich begeistert. Mir war die ländliche Umgebung sehr willkommen, trotz der engen wohnlichen Verhältnisse, in die wir hineinkamen. Meine Eltern wären wohl lieber in Duisburg geblieben; die Menschen der Gemeinde waren dort besonders herzlich. Aber sie ließen sich von Gott in eine neue Arbeit senden. Sie suchten sich ihren Platz nicht selbst aus. Sie murrten auch nicht, sondern waren zufrieden. Meines Vaters Arbeits- und Studierzimmer war zugleich unser Wohnzimmer, und meiner Mutter war es nicht angenehm, dass Menschen, die eine Aussprache bei meinem Vater wünschten, nur durch die Küche dorthin gelangten. Für sie war die kleine, bescheidene 4-Zimmer-Wohnung ein erheblicher Abstieg, hatte sie doch in ihrer Heimat, in Ostpreußen, ein eigenes Haus und einen ansprechenden Lebensstandard gehabt, der so gar nicht mit diesem vergleichbar war. Wie gern hätte sie auch hier ein eigenes kleines Häuschen gehabt!

Wir waren arm wie sicher manche anderen Menschen, besonders in der direkten Nachkriegszeit. Ich weiß, dass mein Vater in den fünfziger Jahren des vergangenen Jahrhunderts als Prediger etwa 300 Mark im Monat netto verdiente. Von diesem Betrag mussten noch Miete, Strom und Heizung bezahlt werden – und natürlich Essen und Kleidung für unsere vierköpfige Familie. Nur samstags gab es Wurst, wir nannten sie Schiebewurst, weil sie von einer Ecke der Brotschnitte zur anderen geschoben wurde. Das Gehalt wurde noch bar gezahlt. Sofort wurde der „Zehnte" für das Reich Gottes abgezweigt und in eine leere Zigarrenkiste gelegt, die mein Vater irgendwo erbeten hatte (selbst rauchte er nicht mehr, seitdem er zum Glauben an Jesus gekommen war). Daraus wurden Mitgliedsbeiträge für die Gemeinde, Spenden und Kollekten entnommen. Es wurden keine Ausreden gesucht und gebraucht, warum man in einem Monat eben nicht den „Zehnten" für das Reich Gottes geben konnte. Diese Konsequenz unter schweren Bedingungen hat mich beeindruckt.

Für ihre Familie opferte sich meine Mutter auf. Sie achtete auf unsere gesunde Ernährung und hätte zu unserem Wohl buchstäblich das letzte Hemd gegeben. Ihre eigenen Ansprüche und Wünsche nahm sie zurück. Was mancher persönliche Verzicht von ihr zugunsten der Kinder bedeutete, konnte ich damals wohl kaum ermessen und kann es heute nur dankbar erahnen. Wie gern hätte sie uns mehr verwöhnt! Schulisch hat uns unsere Mutter soweit wie möglich gefördert. Das war bei dem geringen Einkommen des Vaters nicht ganz einfach, denn es musste auf dem Gymnasium noch Schulgeld gezahlt werden. Und sogar die eine oder andere zu bezahlende Nachhilfestunde wurde mir ermöglicht.

Mutter kümmerte sich um die Randsiedler in der Umgebung und besonders in der Gemeinde. Ich habe es oft erlebt, dass sie spontan nach dem Gottesdienst oder der Bibelstunde zum Kaffeetrinken einlud. Sie hatte viele soziale Kontakte und war gastfrei. Wenn die Gemeindeveranstaltungen so gut besucht waren, dass alle Stühle besetzt waren, lief sie schnell, ohne andere zu fragen und holte aus unserer Wohnung alle möglichen Stühle, damit noch viele, möglichst alle, einen Sitzplatz bekamen.

Aus einem „gläubigen" Elternhaus stammte meine Mutter nicht. Doch während einer Erweckung Anfang des vergangenen Jahrhunderts wurde auch sie von einigen Mädchen in den Jugendbund des EC (Jugendbund für entschiedenes Christentum) eingeladen. Sie wollte eigentlich nicht hingehen, sagte sich aber, wenn die Mädchen mit dem Einladen nicht nachgäben, dann müsse es etwas Wichtiges sein; würden sie mich mindestens dreimal einladen, dann würde ich hingehen. Und sie ging hin, schloss sich dem Jugendkreis und der Gemeinschaft an und blieb treu dabei.

Mutter war im guten Sinne des Wortes eine fromme Frau. Soweit ich weiß, konnte sie Tag und Stunde des Beginns ihrer persönlichen Beziehung zu Jesus Christus nicht nennen – und das wollte sie wohl auch nicht. Sie hatte eine Grundsatzentscheidung getroffen, ist dann ganz praktisch in den Glauben hineingewachsen und hat ihren Glauben gelebt, mit viel Liebe und Freundlichkeit und mit der Tat. Gesprochen hat sie darüber nicht viel, obwohl ihr Herz für Jesus brannte und den Boden dafür bereitete, dass Menschen sich wohlfühlen und dem Glauben nahekommen konnten. Als Frau eines Predigers lebte sie den Glauben zusammen mit ihrem Mann, trug Freud und Leid mit ihm und war ihm eine gute Gehilfin. In die Gemeindearbeit hat sie sich kräftig eingebracht, nahm an vielen Veranstaltungen teil und hatte ein offenes Haus und Ohr für viele Gemeindeglieder.

Else Kawohl war eine kluge, geradlinige Frau. Sie konnte Dinge rasch durchschauen, die Hintergründe erkennen und sich ein eigenes Urteil bilden. Sie hatte Ausstrahlung, ein gewinnendes Wesen, war temperamentvoll, begeisterungsfähig, tiefer Gefühle fähig und von mitreißender Herzlichkeit. Sie war großzügig und weitsichtig, hatte viel Wärme, so dass sich die Menschen in ihrer Umgebung wohlfühlten. Ihr Selbstbewusstsein ermöglichte es ihr, eigene Schwächen einzugestehen und die Vorzüge anderer neidlos zu rühmen.

Anfang der 40er Jahre des vorigen Jahrhunderts lehnte sie die schriftlich gestellte Aufforderung, der

NSDAP beizutreten, ab. Sie war eine Kämpfernatur. Auch im Privaten kämpfte sie für Gerechtigkeit und trat für das ihr zustehende Recht und für das ihrer Familie ein. Ehrlichkeit und Aufrichtigkeit, Streben nach Wahrheit und Wahrhaftigkeit zeichneten sie aus. Sie ließ sich weder vereinnahmen, noch für fremde Interessen, die ihr Gerechtigkeitssinn und ihre Zielsetzung nicht zuließen, einsetzen. Sie liebte Gespräche und Diskussionen und hatte eine natürliche Autorität.

Meine Mutter war ein heiterer, fröhlicher Mensch mit Sinn für Witz und Humor. Sie konnte sich wirklich freuen und herzhaft lachen. Aber wenn die Tage dunkler wurden, kam bei ihr leicht etwas Melancholie, vielleicht sogar ein wenig Schwermut auf. Sie liebte das Licht und die Sonne; die grauen und schweren Herbst- und Wintertage machten ihr zu schaffen.

Sie strotzte nicht von Gesundheit. Das mag daran gelegen haben, dass sie viel mitgemacht und viele Sorgen gehabt hat. Die Sorge um den Mann, der im Krieg war und von dem niemand wusste, ob er wiederkommen würde. Oder die Sorgen auf der Flucht aus Ostpreußen in den Westen. In dem Zug musste meine Mutter meine Schwester und mich einer fremden Frau anvertrauen und sie bitten, uns zu Verwandten zu bringen, weil sie selbst mit einer schweren Nierenbeckenentzündung aus dem Zug heraus ins Krankenhaus musste. Was mag das, neben der schweren Krankheit, für eine Bürde gewesen sein? Ja, wir Kinder sind bei den Verwandten angekommen und haben uns auch alle wiedergesehen.

Ein schweres Leiden, das 1961 zu ihrem Tod führte, bereitete ihr starke Schmerzen. Meinem Vater war nach der Operation eröffnet worden, dass seine Frau Krebs habe und dass eigentlich keine Hoffnung bestehe. Er solle ihr das aber noch nicht sagen, das könnte den Tod nur beschleunigen und ein vorübergehendes Aufatmen verhindern. Doch es kam anders als vom Arzt geraten. Als Mutter richtig wach geworden war und Vater am Krankenbett sah, fragte sie unverblümt: „Habe ich Krebs?" und Vater konnte in seiner Wahrhaftigkeit nur „Ja" sagen.

Ich weiß, dass meine Mutter einige Augenblicke erschüttert war. Vielleicht ist ihr wie ein Film durch den Kopf gegangen, dass sie nie würde erleben können, was aus ihren Kindern wird, nie die Partner ihrer Kinder kennenlernen und den Beruf und den Fortgang erfahren werde und dass sie – selbst besonders kinderlieb – nie Enkelkinder auf dem Schoß haben werde. Doch dann – und das habe ich bis heute nicht vergessen – sagte sie: „Ich habe nichts zu verlieren, ich habe nur zu gewinnen." Das zeugte von ihrem tiefen Glauben und dem Vertrauen auf ihren Herrn und Erlöser. Vor dem Tode fürchtete sich meine Mutter nicht – mochte sie auch eine günstigere Erklärung für ihre Beschwerden erhofft haben. Diese waren allerdings mittlerweile unerträglich geworden, so dass sie, von Schmerzen wach gehalten, sich einmal in der Not hinkniete, wie sie berichtete, und zu Gott schrie: „Herr, hast Du vergessen, gnädig zu sein?" – Dennoch war sie bereit, diese Welt zu verlassen. Um ihrer Kinder willen wäre sie, wie sie äußerte, gern noch geblieben, sei es auch mit weniger Kräften als zuvor; um sie selbst, die nicht mehr am Leben hing, ging es dabei nicht.

Meine Mutter starb leider viel zu früh mit 58 Jahren; rund ein halbes Jahrhundert ist seither vergangen. Dass mein Vater fast 105 Jahre alt wurde, macht mich daher besonders dankbar.

In meinem Leben sehe ich viele Segensspuren meiner Mutter. Denn in vielen Dingen war meine Mutter für mich und andere ein Vorbild im Leben und Glauben. Der Leser möge aus dem, was ich über sie berichte und wie ich es sage, die Spuren erkennen, die sie in meinem Leben hinterlassen hat. Vielleicht kann darüber hinaus dieses Gedenken auch unseren Kindern und Enkeln gut tun.

Ich bin meinen Eltern sehr dankbar. Sie haben in schweren Zeiten in allen Bereichen alles Machbare für mich getan. Dazu gehört auch, dass sie sicher regelmäßig auf Knien für mich und meine Schwester gebetet haben. Was konnten sie mehr und letztlich Besseres tun als das!?

 Reinhard Kawohl, geboren 1943 in Prökuls, Kreis Memel (Ostpreußen), zunächst Industriekaufmann, dann 1970 Gründung des Kawohl Verlages in Wuppertal. Ende 1975 Umzug nach Wesel und seitdem dort ansässig. Verheiratet seit 1969 mit Hilde geb. Steinbring. Das Wohnhaus liegt auf demselben Gelände wie der Verlag mit etwa 50 Mitarbeitern. Auch die vier Töchter mit ihren Männern sowie elf Enkelkinder leben dort.

SIE IST EINE EROBERIN

Lothar Kosse

M eine Mutter ist eine einzigartige Frau. Das schon mal vorab. Als vorläufigen Beweis eine kleine Episode, die noch nicht lange zurückliegt. Als sie mit unseren beiden Söhnen nach einem vermeintlichen Nachmittagsspaziergang etwas angeschmutzt, jedoch guter Dinge unser Haus betritt, antwortet sie auf die Frage, wie denn der Spaziergang so war: „Och wunderbar, wir drei haben schön Fußball miteinander gespielt. Nur ist der Ball dummerweise in den Fluss gefallen, aber wir haben ihn schon wieder rausgekriegt." Dazu muss man wissen, dass Hanna 78 ist, eigentlich nicht unbedingt das beste Fußballeralter. Aber so ist sie nun mal, die Hanna.

Hanna Kosse,
geb. Kramer in ehemals
Vogeltreu, Landkreis
Schröttersburg, heute
Polen (*1931)

Als Sohn über seine Mutter zu schreiben ist nicht ganz einfach, zumal die berechtigte Gefahr besteht, dass dieser Artikel auch von ihr gelesen wird und alles Gesagte gegen einen selbst verwendet werden kann. Ich will es trotzdem tun.

Hanna Kramer wird 1931 im ehemaligen Landkreis Schröttersburg im heutigen Polen als Zweitälteste von neun Geschwistern geboren. Ihre Eltern besitzen ein großes landwirtschaftliches Anwesen, der Vater ist Bürgermeister im Ort, und ihre frühe Kindheit ist, wie man aus ihren Schilderungen entnehmen kann, unbeschwert und großbäuerlich schön. Mit Kriegsbeginn weicht die Unbeschwertheit Stück für Stück der Angst vor einer ungewissen Zukunft, und die zunehmende Bedrohung der eigenen Welt ist auch den Kinderherzen jeden Tag bewusst. Die dunkle Vorahnung wird zur bitteren Realität: Die Familie muss alles zurücklassen und fliehen, die eigene Mutter wird auf der Flucht erschossen und als die Familie auseinandergerissen wird, muss Hanna im Alter von 13 Jahren die Verantwortung für die jüngeren Geschwister tragen in all den Wirren dieser fürchterlichen Zeit. Im Westen mit nichts in der Hand angekommen, der Neustart. Ohne abgeschlossene Schulbildung auf das Wohl und Wehe von Gutsbesitzern angewiesen, die in dieser Zeit ihre Arbeitnehmer wie Sklaven halten konnten, da der Hunger und die Armut jeden Widerstand gegen unmögliche Arbeitsbedingungen im Keim ersticken. Es geht ums nackte Überleben. Sie lernt Erwin kennen. Sie heiraten und versuchen sich ein kleines bisschen Glück zu schaffen, zuerst sehr bescheiden im Gesindehaus eines Gutshofs, auf dem beide arbeiten. Meine Schwester wird geboren. Dann, als mein Vater in der Stadt Arbeit findet, ziehen sie in eine kleine Mietwohnung, vierter Stock Dachgeschoss, Nordseite. Endlich frei! Die Sklaverei ist überwunden. Was für ein Start! In dieser Zeit wird ein wesentlicher Charakterzug meiner Mutter sichtbar. Sie ist eine Eroberin. Es steckt in ihr ein unbeugsamer Wille, Dinge nicht bei dem zu belassen, wie sie sind. Neuland will betreten sein. Es ist niemals bedrohlich, auch wenn man noch nicht weiß was einen dort erwartet. Und: Gott ist vertrauenswürdig, auch wenn wir nicht immer verstehen, was er tut. Es geht weiter. Ich komme auf die Welt.

Wir Kinder wachsen heran, und obwohl man zu dieser Zeit in Arbeiterkreisen seine Kinder nicht auf die höhere Schule schickt, setzt Hanna alles daran, ihren Kindern eine bessere Schulbildung zu ermöglichen als die, die ihr selbst beschieden war. Wir ziehen um in eine Eigentumswohnung. Wieder ein wenig mehr Freiheit. Obwohl das Geld immer noch sehr knapp ist, kaufen meine Eltern ein Klavier und schicken uns Kinder in den Klavierunterricht. Die Musik findet einen festen Platz in unserem Haus.

Ich habe mich oft gefragt, wie Menschen, Gruppen von Menschen oder gar ganze Völker mit gleichen Startbedingungen völlig unterschiedliche Entwicklungen nehmen. Wie kann es sein, dass ein in Materie und Geist gebrochenes Land wie das unsere zur Nachkriegszeit in solch kurzer Zeit zu einer solchen wirtschaftlichen Blüte gelangte, um die uns viele andere Nationen beneideten? Was hat die Trümmerfrauen, die selbst ihr Hab und Gut, ihren Glauben an das Gute und vielfach ihre Ehemänner im Krieg verloren hatten, dazu bewegt, die Ärmel hochzukrempeln und die Steine aus den Schuttbergen zu sammeln und abzuklopfen? Es war die Vision, die sie von ihrem Land hatten. Es war das Bild von einem Land, das sich lange vor Nationalsozialismus und Zerstörung in ihre Herzen eingeprägt hatte. Sie wussten, wie schön das Land gewesen war und das hat sie daran glauben lassen, dass es wieder einmal so schön sein kann und sein wird. In der Bibel heißt es: „Ein Volk ohne Vision geht zugrunde." Das, was für Völker gilt, gilt auch für einzelne Menschen. Das Bild von dem, wie es sein kann, bestimmt unser Handeln, unseren Glauben und letztlich unser Leben.

Wir Kinder studieren und werden flügge, und für Hanna bricht eine neue Zeit an. Sie zeigt Interesse an dem, was uns bewegt und versucht zu lernen, wo es nur geht. Die Anforderungen des alltäglichen Mutterdaseins sind einer neuen Freiheit gewichen, sich Dingen widmen zu können, die bis dahin als purer Luxus galten. Sie nimmt Klavierunterricht, weil sie es noch einmal „wissen" will und ihrer Liebe zur Musik auf ihre Weise Ausdruck verleihen möchte. Sie geht in den Englischunterricht, denn wer noch etwas von dieser Welt sehen will, sollte des Englischen mächtig sein. Noch ist der Horizont nicht abgesteckt.

Schließlich entdeckt sie die Malerei. Das wird ihre große Leidenschaft. Sie malt, und endlich hat sie ein Ventil für ihre Sicht der Dinge und der Welt gefunden. In der Malerei blüht sie auf, so wie die Blumenaquarelle, die die Wände ihrer Wohnung und die ihrer Kinder schmücken. Es wird mehr als ein Hobby, und das, was zaghaft beginnt, entwickelt sich zu etwas Besonderem, zu einer eigenen Sprache, zu einer eigenen Form der Anbetung. Wieder gilt es zu entdecken. Noch brennt das Feuer, etwas Neues zu erobern, einen neuen Stil, eine neue Technik und neue künstlerische Freiheit. Ihre Bilder werden kraftvoller und sie wird gefragt, ihre Begabung anderen Malerinnen weiterzugeben. Einige lokale Ausstellungen folgen, und ihre Bilder erscheinen in Katalogen.

Hanna wird dieses Jahr 79, aber sie ist immer noch voller Neugier auf die Welt. Als ich vor einigen Tagen mit ihr über ihre Malerei spreche, zeigt sie mir mit Begeisterung den Ausstellungskatalog eines jungen russischen Künstlers, bei dem sie sich zum Unterricht angemeldet hatte. Es gibt noch vieles zu entdecken.

In der Bibel ist von einem Mann namens Kaleb die Rede. Der Kaleb, der zusammen mit Josua das verheißene Land auskundschaftet. Kaleb ist ein Eroberer. Viele Jahre später, als er ein alter Mann von 85 Jahren ist, das Land fast in Besitz genommen und ein großer Teil seiner Vision in Erfüllung gegangen ist, stellt er sich noch einmal vor das Volk und bittet Josua, den letzten Rest des Landes erobern zu dürfen: „Vielleicht ist der Herr mit mir, dass ich sie vertreibe, wie der Herr geredet hat." Welch eine Aussage! Wie gut, wenn man noch hungrig ist.

Vielleicht ist es das, was uns jung hält und halten wird. Das Wissen, dass wir ein Ziel haben und ein Bild von dem, wie es sein soll. Egal, in welchen Dimensionen wir uns bewegen. Und dass wir uns trotzdem nicht mit unseren Zielen verrennen. Denn bei all ihrem eigenen Eroberungseifer kann ich eins über Hanna sagen: „Sie liebt die Menschen." Und das steht bei ihr weit über jedem selbst gesteckten Ziel. Fast jedes Mal, wenn ich mit ihr spreche, höre ich von neuen Freundschaften, und es fallen neue Namen. Ich muss sagen, das bewundere ich an ihr, denn mir ist sehr wohl bewusst, dass es in zunehmendem Alter nicht unbedingt einfacher wird, neue Freundschaften zu schließen.

Hanna hat bald Geburtstag. Meine Schwester und ich werden sie nach Berlin entführen und gemeinsam mit ihr Ausstellungen und Konzerte besuchen. Ein wenig Neuland erobern. Aber bitte nichts davon erwähnen, es soll eine Überraschung sein.

Lothar Kosse, geb. am 3.9.1959 in Hildesheim, lebt mit seiner Frau Margarete und seinen beiden Söhnen Simon und Jonathan in Rösrath bei Köln. Nach seinem Studium der Musik und Architektur arbeitet er als Gitarrist, Songwriter, Sänger und Produzent. Er hat viele bekannte Lieder geschrieben, leitet die „Cologne Worship Night", die seit vielen Jahren in Kölner Clubs stattfindet, und ist mit seiner Band im In-und Ausland unterwegs.

SEHNSUCHT IST KEIN GEFÜHL, DESSEN MAN SICH SCHÄMEN MÜSSTE

Thomas Küttler

Meine Mutter Agnes Küttler, geborene von Harling, ist 1906 in Leipzig geboren und hat in dieser unruhigen Großstadt ihre Kindheit und Jugend erlebt. Zunächst waren es die Gründerjahre, die die Stadt in Atem hielten, und nach dem Ersten Weltkrieg die sozialen Spannungen. Im Oktober 1913 zogen noch mit großem Pomp zahlreiche Fürsten zur Einweihung des gewaltigen Völkerschlachtdenkmals durch die Hospital-

Agnes Küttler,
geb. von Harling
in Leipzig
(1906-1984)

straße, wo die Familie wohnte. Nach dem verlorenen Krieg demonstrierten streikende Arbeiter für ihre Forderungen. Meine Mutter konnte das alles von den Fenstern im dritten Stock aus beobachten. Als ihre Heimat empfand sie diese unruhige, von Kriegs- und Nachkriegsnöten gezeichnete Stadt eigentlich nicht. Die suchte sie vielmehr weit weg von Leipzig, in dem Dorf Eversen am Rande der Lüneburger Heide, wo seit Jahrhunderten ihre Vorfahren lebten. Dort verbrachte sie viele Ferienwochen, traf auf nette Vettern und Cousinen, mit denen sie herrlich im Park des Gutshofes spielen konnte. Nicht zu vergessen die ehrwürdigen Tanten, von denen man sich gern verwöhnen ließ. Dort fühlte sie sich jedenfalls sehr viel mehr zu Hause als in Leipzig, wo die Familie lebte, seit ihr Vater, Otto von Harling, die Judenmission leitete.

Mit fast noch größerer Sehnsucht zog es sie nach Norwegen, woher ihre Mutter kam. Die Eltern hatten sich durch die Judenmission kennengelernt, die in Norwegen großen Rückhalt in den Gemeinden besaß und in Leipzig ihr lutherisches Zentrum hatte. Heute wird Judenmission weithin abgelehnt. Damals war sie ein Hort der Liebe und des Verständnisses für die Juden in einem anschwellenden Meer des Antisemitismus. Seit meine Mutter das Heimatland ihrer Mutter erlebt hatte, konnte sie deren Heimweh nachempfinden. Dieses traumhaft schöne Land, damals bereits eines der freiesten demokratischen Länder der Erde, bezauberte sie. Aber sie hatte in ihrer Mutter zugleich ein Vorbild dafür, sich nicht innerlich in Traumwelten zurückzuziehen, sondern aufmerksam wahrzunehmen, was um sie herum geschah, und zu entdecken, welche Chancen und Schönheiten auch in ihrer unmittelbaren Umgebung lagen.

Diese Fähigkeit wurde auf eine harte Probe gestellt. Nach Jugendjahren, die damals für junge Mädchen ihrer

Herkunft eher dem Zweck der Bildung als der Berufsaus-
bildung gewidmet waren, ging sie, kaum fünfundzwanzig-
jährig, mit unserem Vater frisch vermählt nach Schwarzbach. In diesem Bauerndorf mitten in Sachsen trat unser
Vater seine erste Pfarrstelle an. Das war für meine Mutter
eine tiefgreifende Umstellung der Lebensverhältnisse, ein
echtes Kontrastprogramm zu ihrem bisherigen Leben. Sie
entsprach in ihrer zarten Erscheinung nicht gerade dem er-
warteten Typ Pfarrfrau auf dem Lande. Aber unsere Eltern
gingen mit jugendlichem Schwung und mit einer klaren
Frömmigkeit an die Aufgaben, die dort auf sie warteten. Es
war die Zeit des Kirchenkampfes. Unsere Eltern stellten
sich eindeutig auf die Seite der Bekennenden Kirche. Meine
Mutter ging ohne Vorbehalte und liebevoll auf die Menschen im Dorf zu, und sie dankten es ihr je länger mit
umso größerer Zuneigung. Das galt später auch für die vielen heimatlos gewordenen Flüchtlinge, die nach dem Zweiten Weltkrieg aufzunehmen waren. Für ihr Schicksal hatte
sie in besonderer Weise ein Herz.

Uns Kindern hat sie Eversen und Norwegen – sie
sprach von „Norge" – in den schönsten Farben geschil-
dert. So sehr, dass unsere kleine Schwester einmal bei einem Sonntagsspaziergang auf unser Dorf im sanften Tal
zeigte und ausrief: Eine schöne Lüneburger Heide! Das
habe ihr doch ein wenig zu denken gegeben, gestand
meine Mutter später einmal. Doch sie brauchte sich eigentlich nichts vorzuwerfen, hat sie es doch verstanden,
uns Schwarzbach und unsere sächsische Heimat lieb zu
machen. Jedenfalls hat sie uns in jenen an sich so schweren Kriegs- und Nachkriegsjahren eine Kindheit gestaltet,
an die wir Geschwister uns alle gern und oft erinnern. Sie
neigte zuweilen zu Selbstzweifeln. Unser Vater hat es da
vermutlich nicht immer ganz leicht mit ihr gehabt. Aber
die beiden ergänzten sich bestens.

Das Thema Sehnsucht ist mir nicht fremd, ja, es verbindet mich in eigentümlicher Weise mit meiner Mutter. Mit knapp zwölf Jahren musste ich das geliebte Schwarzbach verlassen. Meine Eltern hielten das im Blick auf wachsende Schulprobleme im Osten für geboten, und so ging ich 1949 auf den damaligen abenteuerlichen Wegen als Kind „in den Westen". Zunächst landete ich bei meinem Großvater in Eversen, dem viel zitierten und gepriesenen Ort. Für mich war Eversen damals keineswegs das Paradies, wenn auch zugleich merkwürdig anziehend und irgendwie vertraut. Aber Heimweh packte mich, und in den sechzehn anschließenden Jahren, die ich in der alten Bundesrepublik gelebt habe, die Schule besuchte, studierte und zum Pfarrer ausgebildet wurde, habe ich immer zugleich eine innere Beziehung zu meiner sächsischen Heimat behalten. Das mag zumindest unbewusst dazu beigetragen haben, dass ich dort meine Frau fand und, um sie zu heiraten, in den Osten ging, das hieß 1965: hinter die Mauer.

Ich habe also die Situation der Sehnsucht in gewisser Weise nachvollzogen, nur gleichsam in umgekehrter Richtung. Das Leben in zwei Welten hat mein Leben geprägt wie schon das meiner Mutter und meiner Großmutter, und ich habe das wie sie überwiegend als eine große Bereicherung und Stärkung der inneren Freiheit erlebt. Freilich nur unter der bereits erwähnten Voraussetzung, dort, wo ich zu leben hatte, ganz und ungeteilt zu leben. Die Trennung zwischen Ost und West war jahrzehntelang das beinah alles beherrschende oder doch mitbestimmende und vor allem belastende Thema. Es ist gut zu wissen, wo man hingehört, wo man zu Hause ist, aber es ist auch schön, noch wenigstens eine andere Welt zu haben, zu der man sich auch mit einem gewissen Recht hingezogen fühlt. Sehnsucht ist kein Gefühl, dessen man sich schämen müsste.

Das Zweite, womit meine Mutter mein Leben geprägt hat, ist von noch viel größerem Gewicht: Sie hat mir und meinen Geschwistern Liebe zu Jesus ins Herz gepflanzt. Um das zu beschreiben, muss ich in die Kriegsjahre zurückgehen, weil sich meine ersten religiösen Eindrücke besonders mit diesen Jahren verbinden. Diese Jahre sind zudem bestens dokumentiert durch mehr als sechzig Briefe, die unsere Mutter an unseren Vater „im Felde" geschrieben und die er sorgsam aufbewahrt hat. In diesen Kriegsjahren wuchs unsere Mutter wie viele Frauen, die auf sich selbst gestellt waren, über sich hinaus. Ihre Briefe geben ein anschauliches Bild von jener Zeit und von den Riesenaufgaben, die sie zu bewältigen hatte. 1941 wurde unsere kleine Schwester geboren, so dass wir nun zu fünft waren. Zwar hatte unsere Mutter ein Hausmädchen. Ohne diese treue Hilfe wäre das Ganze nicht zu schaffen gewesen, aber auch mit ihrer Unterstützung kommt es uns heute unglaublich vor, was unsere Mutter zu bewältigen hatte.

Bereits die äußeren Lebensbedingungen waren damals auf dem Lande sehr beschwerlich. Der Winter 1941/42 war zudem ungewöhnlich hart. Wochenlang war alles tief verschneit, das Dorf kaum noch erreichbar. Die Wasserleitung und die Toilette (wenn man die entsprechende Örtlichkeit auf der halben Treppe so nennen will) froren zu. Das Wäschewaschen im dampferfüllten Waschhaus war jedes Mal ein unglaublicher Kraftakt. Und das alles mit fünf zum Teil recht kleinen Kindern!

Unsere Mutter hatte zudem praktisch die Pfarrstelle zu verwalten. Für die Gottesdienste mussten Ruheständler gewonnen werden, die oft mit Kutschen oder Schlitten von den Bauern heranzuholen waren. Beerdigungen mussten organisiert werden. Wie schwer war es in jenen Kriegsjahren, die Eltern der vielen gefallenen jungen

Männer zu besuchen, um sie zu trösten oder wenigstens ihnen nahe zu sein. Daneben die Verwaltungsaufgaben. Eine besonders belastende pfarramtliche Tätigkeit war es, die vielen Nachweise der „arischen Abstammung" aus den Kirchenbüchern auszustellen.

Was ich besonders bewundere ist, dass sich meine Mutter Aufgaben zugemutet hat, für die sie nicht ausgebildet war und die sie gar nicht hätte auf sich nehmen müssen. So hat sie nicht nur „Frauendienste" auf den einzelnen Dörfern des Kirchspiels und einen „Jungmädchenkreis" im Pfarrhaus gehalten, sondern regelmäßig auch Kindergottesdienste, gleich von der Orgelbank aus, denn sie war auch notgedrungen unsere Kantorin. Diese Kindergottesdienste fallen mir ein, wenn ich darüber nachdenke, wie uns meine Mutter von Jesus erzählt hat. Das konnte sie sehr schön, erzählen überhaupt, auch daheim, abends im Bett bei den besonders beliebten „Schlaffesten." Da erzählte sie auch Märchen, norwegische Troll-Geschichten und Erlebnisse von früher, nicht selten auch Opernhandlungen, „Tannhäuser" zum Beispiel, natürlich kindgemäß bearbeitet. Der „Evangelimann" konnte meine große Schwester zu Tränen rühren. Vor allem aber erzählte sie uns die Geschichten der Bibel, zumal von Jesus, vom Heiland, wie sie ihn auch gern nannte. So weit wir schon lesen konnten, wurde der „Schild des Glaubens" herangezogen, diese seit 1941 weit verbreitete Kinderbibel mit Bildern von Paula Jordan. Diese Bilder von Jesus und das, was meine Mutter vom Heiland erzählte, das floss in meiner Kinderseele weitgehend in eins. Ich halte Paula Jordans Federzeichnung auch heute noch für annehmbar.

Zu dem Umgang mit biblischen Erzählungen und mit vielen Liedern kommen auch Gesten und Brauchtümer, an die ich mich deutlich erinnere. Allabendlich segnete uns meine Mutter nach dem Beten mit dem Kreuzzeichen. Auch in das Beten mit eigenen Worten führte sie uns ein. Ihre Briefe erzählen unserem Vater das eine oder andere von unseren Bitten, besonders für den Vater im Krieg. Oder wenn sie sonnabends die Kirche schmückte und wir uns dabei die Zeit im möglicherweise gar zu vertrauten Gotteshaus vertrieben, hielt sie uns an, dem Altar jedenfalls mit Respekt zu begegnen. Oder sie sprach dort mit uns zusammen ein Gebet. Ich erinnere mich auch an ihre Bemühungen, den Karfreitagnachmittag, zumindest die Sterbestunde Jesu, mit der gehörigen Stille und Andacht zu begehen. Das fiel zumindest uns Jungen nicht ganz leicht, hat uns aber doch Eindruck gemacht, weil es uns einleuchtete. Dies alles und die eindrückliche Geradlinigkeit unseres Vaters, der nach dem Zusammenbruch 1945 die unbestrittene Autorität im Dorf und darüber hinaus war, auch wenn die Kommunisten bald anfingen, auf ihre Art wieder den christlichen Glauben zu bekämpfen – das hat mir und meinen Geschwistern das Fundament für unser Leben gegeben.

Ich will noch ein Drittes benennen, das mit dem eben Beschriebenen nicht gleichgewichtig ist, aber doch zu dem gehört, woran ich denke, wenn ich mir bewusst mache, was mich mit meiner Mutter besonders verbindet. Das ist der Sinn für Kunst und Geschichte. Meine Mutter war von der Sorge geplagt, wir könnten als Dorfkinder schulisch unterfordert sein, sprich: verdummen, und war bemüht, dem mit allerlei geistigen Anregungen entgegenzuwirken, die sie uns angedeihen ließ. Wir haben damals darüber gestöhnt, später auch über das eine und andere gelächelt, aber heute weiß ich es ihr zu danken. Sehr bald hat sie mit uns Ausflüge zur nahe gelegenen Rochsburg unternommen, einer malerischen Ritterburg, an der sie uns wohl veranschaulichen wollte, was einen ritterlichen

Menschen ausmacht. Der Bamberger Reiter spielte dabei als Vorbild und Leitfigur eine große Rolle. Das mag aus heutiger Sicht ein etwas zeitgebundenes Ideal gewesen sein. Dass die romanische Stiftskirche in Wechselburg eine Kostbarkeit war, das haben wir irgendwie begriffen. Das Grabmal und das in seinem Beinamen angedeutete spektakuläre Schicksal des Stifters, Dedos des Feisten, interessierte uns allerdings mehr als die erhabenen Lettnerfiguren.

Besonders ging es meiner Mutter um die Musik. Sie selber hatte in jungen Jahren Musik studiert, und ich bin ihr sehr, sehr dankbar, dass sie das Joch, ein Kind zum Klavierüben anzuhalten, so geduldig auf sich genommen hat, dass ich heute wenigstens zu Weihnachten den Familiengesang begleiten und von Zeit zu Zeit mit meiner Frau vierhändig spielen kann. Viele unserer Noten tragen den Mädchennamen meiner Mutter, vor allem Liederbände von Schubert, Schumann, Brahms oder Hugo Wolf. Das erinnert mich immer wieder an sie. Es war ihr eine besondere Freude, wenn sie jemanden hatte, der ihren Gesang begleiten konnte, meine Frau zum Beispiel. Sie fand, kommunikationsfreudig wie sie war, in allen Stationen ihres Lebens Menschen, mit denen sie musizieren konnte. Meine Eltern waren in den Fünfzigerjahren in einer Leipziger Gemeinde und pflegten dort mit der Kantorenfamilie im gleichen Haus eine rege Freundschaft. Weitere zwölf Jahre wirkten sie in Rochlitz, wo mein Vater Superintendent war. Zunehmend zeichneten Krankheiten, wie Rheuma und Gicht, das Leben meiner Mutter und schränkten ihren Aktionsradius ein. Aber nur körperlich. Geistig blieb sie die anregende Frau, die sie zeitlebens war. Mit dem Eintritt in den Ruhestand zogen die Eltern nach Oldenburg in die Nähe unserer großen Schwester. Dort lebten sie noch einmal zwölf Jahre gemeinsam.

Meine Mutter war zunehmend an den Rollstuhl gefesselt, aber sie beeindruckte noch immer ihre Nachkommen, jedenfalls hatte ihr Urteil Gewicht, denn sie ließ auch erkennen, wenn ihr etwas nicht gefiel, und alle wollten von ihr geliebt sein.

Am 21. August 1984 ist sie gestorben. Einer meiner Brüder hat ihr ein Sträußchen Heide mit in den Sarg gelegt, eine kleine Erinnerung an die Sehnsucht, ja, das Heimweh, das unsere Mutter ein Leben lang begleitet hat. Und ein kleiner irdischer Gruß hinüber in das bleibende Vaterhaus.

 Thomas Küttler, geboren 1937 in Schwarzbach (Sachsen) als viertes von fünf Geschwistern einer Pfarrersfamilie. Mit zwölf Jahren aus Schulgründen zu Verwandten nach Hannover gegeben. Nach dem Abitur Theologiestudium in Göttingen und Münster, 1962 Vikarsausbildung in London und im Kloster Loccum. Im Jahre 1965 Übersiedlung in die DDR, aus privaten Gründen (Heirat). Bis 1974 Pfarrer in Marbach (Mittelsachsen). Danach Studieninspektor am Predigerseminar in Leipzig. Ab 1979 23 Jahre Superintendent in Plauen, davon elf in der DDR und zwölf im wiedervereinigten Deutschland. 1989/90 Leiter des Runden Tisches in Plauen. 1990 Ehrenbürger der Stadt Plauen. Mitglied der sächsischen Landessynode von 1972 bzw. der Kirchenleitung von 1978-2002, von 1991-2003 auch der wieder gesamtdeutschen EKD-Synode. Vier Kinder, vier Enkel. Seit 2002 im Ruhestand in Leipzig.

MUTTER WAR EINE GROßE BETERIN

Dr. Theo Lehmann

Meistens war sie ernst. So richtig lachend habe ich sie nur ganz selten erlebt. Auch auf allen Fotos – den spontanen und den offiziellen – hat sie einen ernsten Gesichtsausdruck. Ich besitze nur ein Bild, auf dem sie herzhaft lachend zu sehen ist. Da sitzt sie mit Sohn und Schwiegertochter unter einer Skulptur von Friedrich Schiller. Ich hatte gerade erzählt, dass Franz Kafka über ihn gesagt hat: „Fester als bei dieser Nase kann man ein Gesicht nicht fassen." Und während wir über diese herrliche Formulierung lachten, und uns an unseren (eigenen) Nasen fassten, entstand das Foto. Ein unbeschwerter, fröhlicher, seltener Augen- und Anblick.

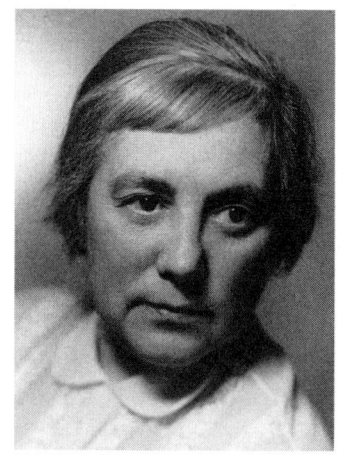

Gertrud Lehmann,
geb. Harstall
in Dresden
(1901-1965)

Die Szene fand statt vor der Semperoper in Dresden. In dieser Stadt wurde meine Mutter Gertrud Harstall am 12. Februar 1901 als Tochter eines Malermeisters geboren. Auf dem Opernplatz, gegenüber der Hofkirche und dem Schloss, hatte sie schon als Kind gestanden, sehnsüchtig wartend, ob die Kutsche der Königin vorbeikommen würde und sie einen Blick auf diese überirdische Person oder die Prinzessinnen erhaschen könnte. „Sehnsüchtig" – ich glaube, das ist das Stich- und Schlüsselwort, das ihren Ernst erklärt. Seit sie denken konnte, hat sie sich immer nach irgendetwas gesehnt, zum Beispiel nach einer Puppe, nach ein paar Bonbons, einem Luftballon, einer Fahrt mit der Straßenbahn. Ihre Sehnsüchte bezogen sich nicht auf extravagante, luxuriöse, sondern auf ganz normale, alltägliche Dinge, die ihr aber wegen der Armut ihrer Familie himmelweit entrückt waren. Wie die „ewige Geldknappheit und Not" ihrer Familie aussah, beschrieb sie in ihren Lebenserinnerungen:

Am Weihnachtsabend war wohl die größte Kostbarkeit die, die auch Vater zu Tränen rührte, dass Rudolf von seinem Geld Vaters silberne Uhr vom Leihhaus eingelöst hatte und ihm in einer kleinen Schachtel überreichte. Armut kann so schmerzlich und traurig sein, aber in ihr können auch große Seligkeiten und Augenblicke höchsten Glücks verborgen liegen." So beurteilte sie ihre Kindheit als „ständiges Entsagen und spartanische Einfachheit ... Nur ein Sehnen und ein Hungern nach Dingen, die ich nicht besaß. Dieses Sehnen brannte im Innern und wurde kaum ausgesprochen. Man musste damit fertig werden. Es ging ja auch nicht anders. Die Wünsche und Sehnsüchte konnten nicht erfüllt werden ... Ein vollkommenes Glück gab es nicht. Es war immer etwas, was Kummer bereitete und was Wünschen und Sehnen nicht abbrechen ließ.

So war ihre Kindheit überschattet von dem Gespenst des ständigen Geldmangels und der beschämenden Erkenntnis, bei vielem nicht mithalten zu können und nicht dazuzugehören. In ihrer Jugendzeit kam dann noch das Unglück des Ersten Weltkrieges dazu, in dem zwei ihrer drei heißgeliebten Brüder fielen.

Die wichtigste Periode ihres Lebens war die Zeit, als sie meinem Vater, dem Missionar Arno Lehmann, nach Indien folgte. Diese Zeit hat sie später in ihrem viel gelesenen Buch „Ich heirate in Indien" beschrieben. Dort hat sie in der mörderischen Hitze des tropischen Klimas ihre Gesundheit eingebüßt und ist herzkrank geworden. Dort hat sie einen Sohn geboren, einen Sohn verloren und eine Fehlgeburt gehabt, unvorstellbare Entbehrungen auf sich genommen, und erst der Jüngste Tag wird offenbaren, wie viel Leid, Tränen, Opfer und Kämpfe es gekostet hat, als Zeugin von Jesus zu leben. Sie schrieb:

Ich war sehr viel allein, sehr viel einsam, die einzige weiße Frau im ganzen Ort und in weitem Umkreis. Wenn dann im Ort wieder ein Götzenumzug stattfand mit dem sprichwörtlichen Heidenlärm und wild durcheinanderschreienden Stimmen, die zu mir herauftönten, da stieg jedes Mal ein Gebet und Flehen zu Gott empor: ‚Hilf ihnen, mache du sie frei.'

Nach sieben Jahren bekamen meine Eltern ihren ersten Heimaturlaub nach Deutschland. Dort stellte sich heraus, dass meine Mutter wegen ihrer Herzkrankheit nicht mehr in die Tropen durfte. So blieben meine Eltern in Deutschland, wo ich und mein Bruder Jochen geboren wurden. Zum ersten Mal konnte sie ein normales Leben in gesicherten Verhältnissen und einer Art Wohlstand führen. In einem kleinen Häuschen, das der Leipziger Mission gehörte und dem winzigen Garten, einem kleinen Paradies, habe ich dann meine von meiner Mutter wohl behütete Kindheit verbracht. So sehr ich mich auch anstrenge, fallen mir nur wenige besondere Ereignisse ein. Meine Mutter war einfach immer da, und diese Selbstverständlichkeit war einfach das Schönste meiner ersten Lebensjahre. Klare Erinnerungen habe ich erst aus der Zeit des Zweiten Weltkrieges, vor allem an die Bombennnacht des 13. Februar 1945, einen Tag nach ihrem Geburtstag. Am Abend dieses Tages war mein Vater dienstlich in der Gemeinde, also meine Mutter mit ihren drei Kindern allein. Als die Hölle über uns hereinbrach und wir in den Keller rannten, auf dem eiskalten Steinboden lagen und um unser Leben flehten und beteten, war sie unser einziger Halt. Als der Angriff vorbei war, tauchte mein Vater auf, ging aber bald mit meinem älteren Bruder wieder los, um nach anderen in der brennenden Stadt zu sehen. So blieb meine Mutter mit ihren beiden jüngsten Söhnen zurück. Da kam der zweite Angriff, der Dresden den endgültigen Todesstoß versetzte.

Als 11-jähriger Junge machte man sich in seiner Todesangst keine Gedanken über die Gedanken seiner Mutter. Erst viel später, als Erwachsener, habe ich versucht mir vorzustellen, was sie in dieser Nacht gelitten hat. Zu ihrer Todesangst und Sorge um uns kam ja noch die Angst um Ehemann und ältesten Sohn, die irgendwo draußen im Inferno in Lebensgefahr herumirrten. Eine Cousine meiner Mutter, ein Schulmädchen, kam in den Flammen um. Mein Vater erschien irgendwann in der Nacht mit meinem Bruder – die Familie hatte überlebt! Aber die Stadt war zerstört. Meine Mutter hat das, was sie in dieser Schicksalsnacht erlebte (und viele andere Begebenheiten aus Kriegs- und Nachkriegszeit) später in ihren Novellen verarbeitet. So schrieb sie über ihr geliebtes Dresden:

Kann eine Stadt bezaubernder und anmutiger sein? Die Sonnenstrahlen über ihr fallen anders als sonst auf der Welt, und was aus ihnen entsteht, ist geradezu eine Symphonie der Farben, die große Männer wie Schopenhauer, Goethe, Ludwig Richter, C. D. Friedrich und andere priesen. Jetzt sind allerdings Feuer und Schwefel über dieser Stadt ausgegossen. Sie ist versengt und verbrannt, verschüttet, zerschmettert, ja fast hinweggefegt und zu Tode getroffen.

Nach dem 13. Februar ging es nur noch um das reine Überleben, bis zum Kriegsende im Mai und der Hungerzeit danach. Im Hungerwinter 1946 zog man wegen der Kälte alles an, was man irgendwie übereinander anziehen konnte. Ich habe damals unter dem Anblick meiner Mutter, die immer ein Ästhet war, gelitten, wenn ich sie in verbeulten Männertrainingshosen herumlaufen sah. Damals war alles egal, Hauptsache, man erfror und verhungerte nicht.
Wie es meine Mutter fertigbrachte, unseren Hunger zu stillen, ist mir bis heute ein Rätsel. Es ging ja nicht nur um unsere Familie, sondern noch um andere Familien, die in unserem winzigen Häuschen untergekrochen waren, nachdem sie den Flammen entkommen waren und alles verloren hatten, außer dem, was sie auf dem Leib trugen. Auch darüber habe ich mir damals natürlich keine Gedanken gemacht. Ich habe es als selbstverständlich genommen, dass es mittags etwas Warmes zu essen gab. Heute frage ich mich, wie meine Mutter es geschafft hat, in dem Chaos so etwas wie ein „normales" Familienleben zu organisieren. Erst jetzt, als Erwachsener, kann ich ungefähr ermessen oder zumindest ahnen, was das für Kräfte gekostet haben muss. In diesem Leben gab es tatsächlich nicht viel zum Lachen. Um so größer ist mein

Respekt, meine Bewunderung und Dankbarkeit gegenüber meiner Mutter.

Geerbt habe ich von ihr (außer der Herzkrankheit?) die kämpferische Wahrheitsliebe, die Sparsamkeit und die Nüchternheit des biblischen Glaubens. Der größte Einfluss auf mein Leben ging aber, davon bin ich überzeugt, von ihren Gebeten aus. Mein Vater sagte zu uns Jungs: „Eure Mutter war eine große Beterin." Er erzählte, wie sie an jedem Abend für ihre Söhne betete und in die Richtung, wo sie wohnten, das Zeichen des Kreuzes machte. Danach schlief sie ein mit den Worten: „Danke für das Bett, das hat uns der Hitler noch nicht nehmen können."

Als sie mit 64 Jahren starb und ich hinter ihrem Sarg zum Grab ging, war in mir trotz der Tränen eine tiefe Freude, weil ich wissen konnte: Sie ist bei ihrem Herrn. So haben wir es dann mit den Worten des Apostels Paulus auf ihren Grabstein geschrieben: „Wir werden bei dem Herrn sein alle Zeit."

Theo Lehmann, geboren 1934 in Dresden, nach Studium in Leipzig 1962 Promotion zum Doktor der Theologie an der Uni Halle, ab 1964 Pfarrer an der Schlosskirche in Karl-Marx-Stadt. Ab 1971 führt er die legendären Schlosskirchen-Gottesdienste mit Tausenden von Jugendlichen durch, ab 1976 Jugendevangelist, Mitglied im Lausanne-Komitee für Weltevangelisation und im Trägerkreis von ProChrist, seit 1998 aktiver Ruhestand. 2003 im sächsischen Landtag Verleihung der Verfassungsmedaille des Freistaates Sachsen für seinen Beitrag zur friedlichen Revolution in der DDR, 2006 Verleihung des Walter-Künneth-Preises insbesondere für seine unbeugsame und volksnahe Verkündigung des Evangeliums unter den Bedingungen einer Diktatur. Blues- und Gospelexperte, Jazz-Kritiker, Buchautor, Liedertexter seit 1966, verwitwet, drei verheiratete Töchter, acht Enkel. Jetziger Wohnort: Chemnitz.

DAS SCHLUG EIN

Horst Marquardt

Auf einem kleinen Bahnhof an der Eisenbahnstrecke Kremmen – Neuruppin (im Havelland) wuchs meine Mutter auf. 1906 wurde sie geboren. Ihr Vater, Stationsvorsteher, Imker, begeisterter Schachspieler und glaubensfroher Laienprediger seiner methodistischen Gemeinde, hatte das Wohl seiner Tochter im Auge, als er ihr eine Lehrstelle im großen Berlin besorgte. Dort besuchte sie nach sehr gut bestandener Lehre die Handelsschule. Das wird für das junge Mädchen vom Lande nicht leicht gewesen sein. Sie hatte daheim nur eine einklassige Dorfschule besucht. Sie muss dort aber eine Menge gelernt haben. Das habe ich als Kind schon gemerkt und auch später immer wieder. Welche Fähigkeiten fielen mir an ihr besonders auf?

Helene Marquardt,
geb. Schulz
im Havelland
(1906-1982)

Ich habe – auch als Gymnasiast – viel von ihr gelernt, vor allem das Gefühl für korrektes Sprechen und Schreiben. Sie hat mich nicht nur gelehrt, richtig zu deklinieren und zu konjugieren, sondern auch Hilfsbereitschaft gegenüber Schwachen und richtiges Benehmen. Als ich einmal die Wohnungstür öffnete, weil es geklingelt hatte, rief ich in die Wohnung hinein: „Mutti, da ist eine Frau." Nachdem die Besucherin gegangen war, erklärte mir meine Mutter: „Nächstes Mal sagst du: ‚Da ist eine Dame'. " Oder ich lernte, nicht als Erster zuzugreifen, wenn ein Gast am Tisch saß. Als ich, weil so leckerer Kuchen auf dem Tisch stand, doch einmal nicht warten konnte und mich als Erster bediente, musste ich – wie beschämend – vor den Besuchern zur Strafe in die Küche. Das war lehrreich!

Spielen

Gesellschaftsspiele standen oft auf dem Programm. Erst spielten wir als Familie. Später, als der Vater Soldat geworden war, tat es die Mutter mit meinem Bruder und mir allein. Da gab es anspruchsvolle Spiele, die geografische oder sprachliche Kenntnisse erforderten. Und wenn uns Gäste besuchten, spielten wir Rommé oder ähnliches. Was waren das für schöne Nachmittage! Ohne Fernsehen! Das kannte man ja in jener Zeit nicht. – Meine Frau und ich haben später solche Spielenachmittage auch mit unseren Kindern veranstaltet und die wiederum spielen gerne mit ihren Kindern.

Singen

Es wurde viel musiziert. Der Vater hatte meiner Mutter anlässlich irgend eines besonderen Familienereignisses ein Harmonium geschenkt. Sie benutzte es gern. Viele Gesangbuchlieder habe ich auf diese Weise früh kennengelernt. Ich stand neben dem Instrument, ein Liederbuch in der Hand. Sie begleitete mich oder ich sie. Unvergesslich ist mir bis heute die Advents- und Weihnachtszeit geblieben. Wie mühelos konnte man sich da Texte aneignen!

Im Frühjahr 1939 zog die Familie von Berlin nach Breslau. Der Vater war versetzt worden. Damals ahnte noch keiner, dass bald der Krieg beginnen würde. Das Harmonium kam natürlich mit. Und auch in der neuen Wohnung wurde viel musiziert. Die Eltern hatten sich immer gewünscht, dass ihr ältester Sohn das Geigespiel erlernen würde. Aber leider habe ich nicht genug geübt und konnte darum die Mutter, sehr zu ihrem Leidwesen, nicht begleiten. Aber die Liebe zur Musik war geweckt, vor allem auch zur Klassik. Ich war vielleicht zwölf oder 13, als ich zum ersten Mal ins Opernhaus mitgehen durfte. Auf dem Programm stand Mozarts „Die Entführung aus dem Serail". Mutter gestattete auch, dass mich Freunde zu einem Konzert mit dem seinerzeit besten Cellisten Pablo Casals mitnahmen.

Beten

Seit ich denken kann, wurde zu Hause gebetet. Ich weiß nicht mehr, wie alt ich gewesen sein mag, als mir meine Mutter erklärte: „Jetzt kannst du abends, bevor du einschläfst, selber beten. Du bist jetzt ein großer Junge." Aber es gab auch weiterhin gemeinsame Gebete. Das war gut so, denn so „groß" war der Sohn denn doch nicht. Er hatte die Bedeutung des Gebetes einfach noch nicht richtig erfasst. Es waren mehr die Stoß- und Bittgebete: „Ach lieber Gott, mach doch ..." Für meine Mutter aber war der Glaube eine Kraftquelle. Das hat sich bewährt, als der Mann eingezogen wurde und als im Jahr 1945 Breslau geräumt werden musste. Wohnung und alles Liebgewonnene blieben zurück. Sehr zum Leidwesen meiner Mutter ging ich nicht mit auf die Flucht, sondern blieb als Volkssturmmann zurück. Gottlob kam ich aber nicht dazu, die „Festung Breslau" mit zu verteidigen! Ich denke, dass es wesentlich die Gebete meiner Mutter waren, die dazu beitrugen, dass ich noch rechtzeitig vor der Einkesselung der Stadt durch die Rote Armee hinauskam. Mutter und Bruder flüchteten zu den Großeltern nach Neuruppin in der Mark Brandenburg.

Nun war alles anders. Die Faszination, die vom Hitler-Regime ausging, war vorbei. Oftmalige Warnungen von Mutter und Vater hatte ich überhört. Mit Begeisterung machte ich in der Kinderorganisation der Hitlerjugend, dem Jungvolk, mit. Erst das Kriegsende und die Flucht hatten ernüchtert und die Augen geöffnet.

Sehr schwer fiel es meiner Mutter, die Hoffnung zu begraben, je wieder nach Breslau zurückkehren zu können.

Später – die Kommunisten hatten die Herrschaft in der sogenannten Sowjetischen Besatzungszone bereits übernommen – fiel ich ein zweites Mal auf ideologische Versprechungen herein. Sehr zum Leidwesen der Mutter engagierte ich mich bei der antifaschistischen Jugend, dem Vorläufer der FDJ. Dass ich Anfang der 50er Jahre – inzwischen kommunistischer Jugendfunkredakteur – Lüge und Unrecht nicht länger ertragen konnte, sehe ich als Frucht der Gebete meiner Mutter an, die von lieben Verwandten und Freunden unterstützt wurde. Es war der an Christus orientierte Glaube der Mutter, der mir half, die Irrlehren des Marxismus-Leninismus zu überwinden. Als ich mir der Verlogenheit der Ideologie bewusst geworden war und nicht weiterwusste, griff ich zum Neuen Testament. Eine Schwester meiner Mutter hatte es mir, dem jungen Flüchtling, geschenkt. Eines Abends hielt ich das Büchlein in der Hand. Ich wusste nicht, wo ich zu lesen anfangen sollte. Ich hatte mich ja nie richtig damit beschäftigt. Mein zielloses Blättern endete bei 2. Timotheus 3, Vers 13: „Mit den bösen Menschen aber und Betrügern wird's je länger desto ärger. Sie verführen und werden verführt. Du aber bleibe bei dem, was du gelernt hat und was dir anvertraut ist; du weißt ja, von wem du gelernt hast und dass du von Kind auf die Heilige Schrift kennst, die dich unterweisen kann zur Seligkeit durch den Glauben an Christus Jesus." Das schlug ein. Ich spürte den Anruf Gottes. Ich erinnerte mich der Gebete der Mutter, dachte an das gemeinsame Singen der von ihr geliebten Lieder und wusste auf der Stelle: Das Leben in der Zukunft wird nur gelingen mit Jesus Christus.

Mit Gesang und Gebet klang das Leben meiner Mutter aus. Ich saß an ihrem Sterbebett und las Bibelstellen und Gesangbuchverse. Ich zitierte gerade aus dem Lied „O dass ich tausend Zungen hätte" die Strophe „Ich will von deiner Güte singen, solange sich die Zunge regt, ich will dir Freudenopfer bringen, solange sich mein Herz bewegt, ja wenn der Mund wird kraftlos sein, so stimm ich noch mit Seufzen ein". Da hauchte die Mutter ihr Leben aus. Es war zutiefst bewegend, so Abschied zu nehmen von dem Menschen, der mir das Leben geschenkt hatte. Traurig und auch dankbar sah ich, wie meine Mutter ihre Augen schloss. Möge ihr Vorbild mich in meine letzte Stunde begleiten, damit ich dann auch singen kann: „Ich will von deiner Güte singen, solange sich die Zunge regt."

Horst Marquardt, geboren 1929, zunächst Rundfunk-Journalist, war nach seinem Studium der Theologie Pastor der Evangelisch-methodistischen Kirche in Berlin, Wien und Wetzlar, von 1960-1993 Direktor des Evangeliums-Rundfunks (ERF), von 1994-1997 Internationaler Direktor von Trans World Radio (TWR) für die GUS (frühere Sowjetunion), den Mittleren Osten und Afrika; ist Gründer und Vorsitzender des Informationsdienstes der Evangelischen Allianz (idea), war bis Juni 1999 Vorsitzender der Lausanner Bewegung – Deutscher Zweig. Er regte die Gründung der Konferenz Evangelikaler Publizisten (kep) an und ist Vorsitzender beim "Kongress christlicher Führungskräfte". Über die Sendungen im ERF hinaus ist er durch diverse Bücher und Tonkassetten bekannt. Er ist verheiratet mit Irene, hat mit ihr vier erwachsene Kinder, zehn Enkelkinder und einen Urenkel und wohnt in Hüttenberg.

DIE FÜßE MEINER MUTTER

Carlos Martínez

Dort in der Küche, dort war es am wärmsten. Die angefachten Kohlen erleichterten es uns, die Kälte jener Winter zu ertragen, welche die Herbstsonne schon frühzeitig zum Gehen zwangen, um ihren eisigen Mantel der Dunkelheit über die Stadt Pravia zu spannen, in meinem Asturien, in meinem Spanien.

Dort setzte ich mich unter den Tisch. Diesen Raum hatte ich zu meiner Geheimzone erklärt. Dieser Zufluchtsort war wie eine Festung mit imaginären Mauern, die es mir erlaubten, alles um mich her zu kontrollieren,

Isabel Álvarez Fernández, geboren in Pravia, (Asturien, Spanien) (1930-1994)

ohne selbst gesehen zu werden. In dieser Höhle genügten mir zum Spielen ein paar Scheren, die ich in irgendwelche Charaktere für fiktive Abenteuer verwandelte. Und in der Welt da draußen, welche ich aus meinem bevorzugten Schlupfwinkel heraus beobachtete, waren die Füße meiner Mutter, die von einer Seite zur andern gingen, mein Lieblingsspektakel.

Sie war sich jederzeit dessen bewusst, dass ich in diesem offenen Häuschen verkrochen saß, welches ich dank meiner Fantasie in einen unbezwingbaren Bunker verwandelt hatte. Doch sie tat, als bemerkte sie mich nicht und setzte ihre geschäftigen Gänge in ihren hellblauen Hausschuhen fort.

Mutter eilte an einem Tag viel hin und her, meistens innerhalb des Hauses. Der Fußboden eines jeden Zimmers verspürte den Druck ihrer Tritte: die Schlafzimmer, das Bad, der Flur, die Vorratskammer... In der Küche allerdings verbrachte sie die meiste Zeit, und da es mein Gebiet war, waren ihre Füße dort meine, sie liefen für mich.

Worte waren nicht nötig. Bei Mutter eigentlich nie. Meist war ihre Gegenwart still, und erfüllte so mein kindliches Herz mit Frieden. Ihre Füße, die sich fest und doch leise auf- und abbewegten, vermittelten mir ihre Liebe, ihre zärtliche Fürsorge, ihren beständigen Schutz.

Blieben ihre Schritte aus, sorgte ich mich. Weder die Begleitung der Musik aus dem Radio noch meine Scheren-Charaktere schafften es, mich zu beruhigen. Wo blieben ihre Füße bloß? Wo waren sie nur hingegangen? Dann spitzte ich meine Ohren, um zu ergründen, ob meine Mutter ihre leisen Hausschuhe mit ihren lauten Straßenschuhen tauschte. Würde sie hinausgehen, würde sie mich in meinem Reich der Phantasie allein zurücklassen? Gerade wenn ich schon das Schlimmste befürchtete, erblickte ich ihre Beine durch die unsichtbaren Wände meiner Höhle hindurch, und meine Freude kehrte zurück.

Meine Mutter brauchte mir gar nicht erst zu erzählen, wie sie sich fühlte. An ihren Füßen konnte ich es ablesen: ein forscher Schritt, längere Pausen, wiederholtes Trampeln, oder ein ständiges Kommen und Gehen ihrer Hausschuhe enthielten alle notwendigen Informationen darüber, was außerhalb meiner Festung geschah.

Ihre Füße hatten verschiedene Gewohnheiten. Sie reckten sich auf Zehenspitzen, um das obere Geschirr zu erreichen. Sie kreuzten übereinander und rieben sich, um sich von lästigem Juckreiz zu befreien. Sie schlüpften kurz aus den Joggingschuhen, um zu atmen. Sie schwangen im Takt auf dem Nähmaschinenpedal. Oder die Zehen tänzelten, als spielten sie die Tonleiter auf dem Klavier, um so ihre Anspannung zu lösen. Das war eine elegante Bewegung, woran sich der große Zeh, von Natur aus träge, kaum beteiligte. Aber er erhielt solidarische Unterstützung vom Vorderfuß, der sich durch die Reibung entspannte.

Diese Füße kamen und gingen, und ich wurde nicht müde, sie mit meinen Augen zu verfolgen. Setzte meine Mutter sich an den Tisch, waren sie mir so nahe, dass sie meine unsichtbare Schlossmauer zu durchdringen drohten. An Mutters rechter Wade befand sich ein Muttermal. Es war ihr Ausweis. Würde je eine andere Frau gewagt haben, sich als meine Mutter auszugeben, ich hätte sie auf der Stelle durch ihre Füße entlarvt. Denn diese Füße kannte ich seit meiner Geburt. Sie waren das Erste, das ich erblickte, als ich aus dem Mutterleib in diese Welt kam.

Jahre später zogen wir vom Land, wo ich geboren wurde, nach Barcelona. Hier hatte ich meine ersten Kontakte mit dem Theater. Ich trat einer Gruppe aus unserer Nachbarschaft bei, die jeweils am Wochenende übte. Dabei entdeckte ich die Bühne als einen neuen Zufluchtsort, wo ich wie damals unterm Küchentisch, Charaktere erdichten konnte. Außerdem war eines seiner Wände auch unsichtbar und durchsichtig, wie bei dem Phantasieschloss meiner Kindheit.

Ein Darsteller zu werden passte nicht in die Familienpläne, besonders nicht in die meines Vaters, der nicht verstand, woher meine Vorliebe zur Schauspielerei kam. Eines Tages saß ich mutlos auf dem Sofa und sah, wie sich Mutters Füße näherten. Sie trug schon nicht mehr die hellblauen Hausschuhe, welche ich aus der Kindheit in Erinnerung hatte. Aber das Muttermal, welches mir so oft aufgefallen war, befand sich immer noch am selben Fleck. Ich schaute sie fragend an, und da begann sie zu erzählen: Sie gestand, wie sie in jungen Jahren in einer Theatergruppe aus Laiendarstellern mitgespielt hatte und sogar durch mehrere Städte im Norden Spaniens getourt war. Ihre Augen glänzten, als sie mir von den verschiedenen Stücken, den Charakteren und der unbeschreiblichen Spannung berichtete, die von einem Publikum ausgeht.

Jahre danach besuchte sie eine meiner Vorführungen. Ich war gerade fertig geschminkt und im Begriff, die Künstlergarderobe zu verlassen, als ich hinter meinem Rücken ihre Füße wahrnahm. Meine Mutter trat ins Zimmer. Wir waren beide aufgeregt. Sie sah mir in die Augen und sagte: „Falls du so gut spielst wie du dich schminkst, dann wird es ein Erfolg." An dem Abend sah ich sie applaudieren, weinen und lachen. „Das Stück, das mir am meisten gefallen hat", sagte sie, „ist der 23. Psalm: Der Herr ist mein Hirte... Er führet mich auf rechter Straße." Da fiel mir auf, dass dieses Werk von Füßen handelt. In diesem Stück stelle ich ein ständiges Gehen dar, bei dem mich innerlich die Worte des meistzitierten Psalms der Bibel begleiten. An jenem Abend wechselten die Rollen, und es war meine Mutter, die meine Füße beobachtete. Meine Art zu gehen interpretierte die menschliche Seite dieses heiligen Textes. Sie lachte und war ergriffen von meinen Gesten, mit denen ich die Beziehung zwischen dem Schaf und dem Hirten ausführte. Deren Beziehung zueinander schwebt nicht nur im Geistlichen, sie gründet sich durch die Füße auch im Irdischen. Wahrscheinlich hatte ich diese Wahrheit unbewusst verinnerlicht, viele Jahre davor, als ich meine Mutter aus meinem Versteck heraus beobachtete. Vielleicht hatte die Choreographie ihrer Füße es mir ins Herz gespielt.

Sie sah mich an jenem Abend das letzte Mal auftreten. Aufgrund einer Herzkrankheit musste sie für eine Operation ins Krankenhaus. Ich sehe sie noch in einem dieser weißen Betten liegen und mich neben ihr sitzen – zu ihren Füßen. Bevor sie in den Operationssaal geschoben wurde, sagte sie: „Carlos, falls ich nicht zurückkehre, dann ruhe ich mich beim Hirten aus." Und der Hirte holte sie ab.

Mutters Schritte sind nicht mehr bei mir, dafür aber alles, was ich von ihnen gelernt habe. Seither gefallen mir die Füße als ein Symbol für das Leben, als eine Metapher des Menschseins mit seinen Gefühlen, seinem Beruf, seiner Identität. Und ich frage mich, ob Jesus nicht seine Liebe und Wertschätzung für seine Jünger als Personen und Pilger dieses Lebens zeigte, indem er ihnen ausgerechnet die Füße wusch.

Aufgrund dieser Erkenntnis und in Erinnerung an meine Mutter schuf ich ein Stück, in dem die Füße als Hauptdarsteller unsere Reise durch diese Welt veranschaulichen. Minute um Minute, Schritt für Schritt, offenbart das Werk die Kürze unseres Lebens, damit wir uns besinnen und jeden noch so kurzen Moment schätzen und genießen.

In meiner Garderobe wischte ich mir die Tränen ab und stieg auf die Bühne, um das neue Stück aufzuführen. Mir war bewusst, dass Mutter mir aus ihrem neuen, durchsichtigen Palast zusah, aber ich tat, als merkte ich es nicht und konzentrierte mich einzig auf die geübten Gesten und Schritte. Als das Stück endete, erloschen die Lichter, und es wurde ganz still im Raum. Für einen kurzen Moment stand ich alleine da, wie beim Üben, ohne Zuschauer, und ich fühlte mich wohl. Ich hatte meine Vorführung meiner Mutter gewidmet, und ihren Beifall konnte ich nur mit dem Herzen hören. Plötzlich applaudierte das Publikum. Die Lichter gingen an und ich bemerkte die Tränen in ihren Gesichtern: Sie hatten im Stillen mit mir geweint.

Jedes Mal, wenn ich jetzt in die Garderobe trete, treffe ich wieder auf Carlos, das Kind. Ich sehe mich wie in jenem Versteck, jenem Schlupfwinkel, jenem Phantasieschloss, in jenem Mutterleib, unter dem beständigen Schutz meiner Mutter. Die Scheren wurden ersetzt durch Schminke, aber sie dient mir (interessanterweise) ebenso, um unterschiedlichste Charaktere darzustellen. Und während ich mein Gesicht für die Pantomime färbe, höre ich Schritte. Sind es Mutters Schritte? Nein, dieses Mal sind es die Schritte des Publikums, Schritte vieler Mütter, Väter und Kinder aus unterschiedlichsten Städten, Ländern und Kontinenten. Sie strömen zusammen, um meinen stummen Geschichten zu lauschen, erzählt mit dem Herzen, dem Gesicht, den Händen und natürlich – als Ikone – mit den Füßen!

Aus dem Spanischen übersetzt von Mark Stefan Dück

EIN LEBEN ZWISCHEN ALT SINGEN UND ALT WERDEN

Dr. Christoph Morgner

B eim Christwerden ist es mit der frommen Mitgift nicht getan. Aber sie kann sich als kostbares Kapital erweisen. So habe ich es erlebt. Zu denen, die mich auf meinem Weg des Glaubens entscheidend geprägt haben, gehört meine Mutter. Sie wurde im Jahr 1915 geboren. Wir lebten als Familie in Zwickau/Sachsen. Mein Vater war technischer Leiter in einem großen Kaufhaus. Durch diese Tätigkeit war er häufig von zu Hause abwesend. So kam meiner Mutter die Aufgabe zu, meine jüngere Schwester und mich zu erziehen – und das auch in religiöser Hinsicht.

Käthe Morgner,
geb. Thalwitzer
in Oberhohndorf
bei Zwickau, Sachsen
(1915-2003)

Ich erinnere mich noch an die große Kinderbibel, aus der sie uns vorlas. Besonders die Bilder von Schnorr von Carolsfeld hatten es mir angetan. Viele von ihnen habe ich heute noch vor Augen. Dass es bei den biblischen Erzählungen um etwas ganz Wichtiges und Lebensnahes ging, spürte ich meiner Mutter ab. Dieses Buch war ihr heilig. Als wir Kinder etwas größer wurden, kam eine kleine Ziehbibel in Gebrauch. Bevor wir morgens in die Schule gingen, zog jeder für sich ein Bibelwort mit einem Liedvers und las ihn vor. Dann hat Mutter mit uns gebetet. So habe ich frühzeitig erlebt, was ein simpler, aber einprägsamer Spruch nahelegt: „Fahr ohne Steuer nicht zur See, geh ohne Stab nicht durch den Schnee, geh ohn Gebet und Gottes Wort niemals von zu Hause fort." Diese geistliche Weisheit hat sich wie ein roter Faden durch mein weiteres Leben gezogen. Mutter sei Dank!

Meine Mutter war eine leidenschaftliche Sängerin. Als Kind träumte sie davon, so erzählte sie uns, in der Kirche an der Brüstung der Empore zu stehen und mit Orgelbegleitung ein Sololied zu singen. Dazu kam es aber nicht. Umso mehr sang sie zu Hause und im Chor der Gemeinschaft. Und zwar sang sie Alt. Und das grundsätzlich. Bei vielen Liedern kannte sie nicht die Melodie, wohl aber die Altstimme. Auch bei gemeinsamen Liedern – ob es jeweils melodisch passte oder nicht – gab sie ihren Alt dazu. Missklänge waren ihr gleichgültig. Uns Kindern war das manchmal peinlich. Wenn ich heute beim gemeinsamen Singen neben meiner Frau sitze und gelegentlich – das kommt natürlich von den Genen – eine zweite Stimme singe, erinnert mich meine Frau leise und kopfschüttelnd daran: „Wie deine Mutter!"

An jedem Heiligabend wurde bei uns zu Hause die Zither hervorgeholt. In ihrer Jugend war meine Mutter auf diesem Instrument unterrichtet worden. Gespannt schauten wir Kinder zu, wenn ihre Finger an den einzelnen Saiten zupften. Es klang nicht meisterlich, wohl aber passabel. Wir haben dazu Weihnachtslieder gesungen. So wurde in uns früh die Liebe zur Musik geweckt. Dass ich später Orgelunterricht hatte und entsprechende Prüfungen absolvieren konnte, wäre ohne das mütterliche Erbe kaum denkbar gewesen. Ich erinnere mich noch daran, wie meine Mutter öfters eine alte Frau aus der Nachbarschaft in der Küche sitzen hatte und ihr Brot und Kaffee servierte. Wir Kinder schauten verstohlen um die Ecke, denn die alte Frau roch jämmerlich. Ihre Anwesenheit bemerkten wir schon im Treppenhaus. Die alte Frau bekam in ihrer Familie nur wenig an Aufmerksamkeit und Fürsorge ab. Meine Mutter hat sich regelmäßig um sie gekümmert und sie spüren lassen, wie sie ihr am Herzen lag. Darüber haben manche in unserer durchaus frommen Verwandtschaft nur den Kopf geschüttelt. Sie machten meiner Mutter deshalb Vorwürfe. Aber mir hat sich dieser stille, unauffällige Dienst der Liebe sehr eingeprägt. Dass lebendiger Glaube sich nicht mit Kopfwissen begnügt, sondern durch die Liebe tätig ist (Gal. 5,6), hat mir meine Mutter vorgelebt.

Später, wir waren längst in den Westen Deutschlands übergesiedelt, war sie bereits nach den Sommerferien damit beschäftigt, mehr als ein Dutzend Pakete vorzubereiten, die sie an unsere zahlreichen Verwandten in der DDR zu schicken gedachte. Die große Frage lautete jedes Mal: Wie kriege ich den Neukirchener Abreißkalender so untergebracht, dass die argwöhnischen Grenzbeamten keinen Verdacht schöpfen? Denn alles Christliche per Post war streng untersagt. So war meine Mutter mehr als ein Vierteljahr damit beschäftigt, das zusammenzutragen, was in der DDR kostbar war: Kaffee, Schokolade, Zutaten für die Stollenbäckerei etc. Wie hat sie sich gefreut und Gott gedankt, wenn „von drüben" das ersehnte Echo kam: „Alles gut angekommen!" Aber manche Pakete blieben leider auf der Strecke...

Meine Mutter hat gerne den Gemeindebrief in ihrem Bezirk ausgetragen. Darüber hinaus hat sie alte und kranke Menschen besucht und ihnen eine christliche Verteilschrift gebracht. Sie hatte offensichtlich die Gabe der Barmherzigkeit. Deshalb war ihr unwohl, als sie einmal aufgefordert wurde, im Auftrag der Landeskirchlichen Gemeinschaft missionarische Hausbesuche zu machen. Sie klagte mir ihr Leid: „Ich tue mich damit so schwer. Was soll ich tun?" Ich habe ihr geraten, das offen auszusprechen und den diakonischen Dienst umso treuer wahrzunehmen, was sie dann auch tat. Da war sie wieder in ihrem Element. Es ist bedenklich, wenn Christen zu etwas gedrängt werden, das sie gegen den Strich bürstet, weil es ihren Gaben und Neigungen nicht entspricht. So etwas geht selten gut.

Meine Mutter war mir auch ein Vorbild in Sachen Gemeinschaft. Sie und mein Vater haben ihr Christsein nicht still und verdeckt für sich gelebt, sondern haben stets den Kontakt zu anderen Christen gesucht. Ganz im Sinne von Nikolaus Graf von Zinzendorf: „Ich statuiere kein Christentum ohne Gemeinschaft." Es war ihnen nicht nur selbstverständlich, sich in Sachsen treu zum Gottesdienst und zur Gemeinschaftsstunde zu halten. Als 1958 der Ortswechsel nach Niedersachsen anstand, haben sie sofort wieder den Kontakt zu Kirche und Gemeinschaft gesucht und gefunden. Das war und ist beispielhaft, sodass es auch für mich selbstverständlich war, auf meinen Lebensstationen geistliche Beheimatung zu suchen. Ohne sie trocknet Christsein schnell aus.

Als meine Mutter das achtzigste Lebensjahr überschritten hatte, wurde sie nicht nur vergesslich, sondern auch zunehmend dement. Da sie auf Dauer nicht mehr allein leben konnte, holten wir sie zu uns ins Siegerland. Hier konnte sie bei uns ein ansprechendes Appartement beziehen. Das hat sie dankbar angenommen. Für meine Frau begann damit eine schwierige Zeit, oblag ihr doch die Hauptlast der Pflege. Meine Mutter lebte mehr und mehr in ihrer eigenen Welt, die mit der realen leider wenig zu tun hatte. Ihre Sinne kreisten um ihr Elternhaus und um die Schulzeit. Wenn wir sie danach fragten, blühte sie regelrecht auf. Sie kam aus dem Erzählen nicht heraus, wenn es sich auch um einen immer kleiner werdenden Lebensausschnitt drehte. Manchmal wehrte sie sich regelrecht, wenn sie gebadet werden sollte: „Das macht doch der Opa!" Wer weiß wie oft zog sie sich ausgehfertig an und wollte zu ihrer Mutter gehen.

So wenig meine Mutter das aufnehmen konnte, was um sie herum geschah, so fit war sie, wenn es um Bibelverse und Gesangbuchlieder ging. Die hatten sich ihr von klein auf eingeprägt. Die waren bis zuletzt präsent. Begann der Pfarrer in der Bibelstunde oder im Gottesdienst einen Vers, war meine Mutter sogleich dabei, ihn zu vollenden. Das war zwar nicht die feine englische Art, aber alle Anwesenden haben sich darüber gefreut. Durch diese Erfahrung mit meiner Mutter schätze ich das Auswendiglernen von Liedern und Bibeltexten noch höher ein, als ich es vorher bereits getan habe. Indem wir uns heute gute geistliche Kost einprägen, legen wir einen Vorrat für solche Zeiten an, in denen andere Inhalte hinter uns zurücktreten. Dann bleibt das, was sich tief in uns eingeprägt hat. Es wird für uns zu einer lebendigen Brücke hin zu unserem Herrn und Gott. Es wird uns zum Trost und Halt in den Augenblicken, in denen andere Stützen brechen.

Der ist reich, der auch noch in düsteren Lebensphasen von dem zehren kann, was er einmal als Glaubensgut auswendig gelernt hat.

Nach drei Jahren riet uns der Arzt, die Mutter in ein gutes Heim zu geben. Das haben wir nach reiflicher Überlegung auch getan. Und so wurde für meine Mutter der „Lindenfirst" des „Schönblicks" in Schwäbisch Gmünd zur letzten Lebensstation. Dort konnte sie in Bibel- und Singstunden, nicht zuletzt auch in den Gottesdiensten zu Hause sein. Sie wurde optimal gepflegt. Unsere Besuche wurden von ihr mehr und mehr als störend empfunden. Kamen wir vorbei, war sie gewöhnlich mit Scrabble beschäftigt, meist in eigener Rechtschreibung oder auch nur, um die Plättchen in eine Reihe zu legen. Unsere Namen hat sie zum Schluss nicht mehr gekannt. Wir waren ihr fremd geworden.

Einen Tag vor dem Sonntag Kantate des Jahres 2003 ist sie mitten in der Nacht ruhig für immer eingeschlafen. So konnte sie am Singesonntag bereits im himmlischen Chor kräftig mitwirken. Ich weiß meine Mutter am ewigen Ziel angekommen und danke Gott für ihr gesegnetes Leben. Die Trauerfeier war auf den Ton des Dankes und der Zuversicht gestimmt. Selten wohl wurde in der großen Hildesheimer Friedhofskapelle so kräftig und flott gesungen wie bei dieser Beerdigung. Meine Mutter hat sich sicherlich im Himmel darüber gefreut, wahrscheinlich hat sie auch mitgesungen – natürlich in Alt.

Christoph Morgner, 1943 geboren in Zwickau, zunächst im Kaufmännischen tätig. Nach dem Studium der Theologie 14 Jahre Gemeindepfarrer in Niedersachsen, davon zehn Jahre ehrenamtlicher Vorsitzen-

der des Hannoverschen Gemeinschaftsverbandes, 1999 Promotion zum Dr. der
Theologie an der Universität in Witten-
berg-Halle, von 1989-2009 Präses des
Evangelischen Gnadauer Gemeinschaftsverbandes (Dachorganisation der Gemein-
schaftsbewegung in Deutschland, Österreich und Niederlande), im Ruhestand u.a.
Lehrauftrag für Pastoraltheologie an der Evangelischen
Hochschule Tabor in Marburg, Mitglied im Hauptvor-
stand der Deutschen Evangelischen Allianz, in der Jury
Deutscher Predigtpreis und im Vorstand von ProChrist,
seit 43 Jahren verheiratet mit Elfriede, drei erwachsene
Kinder, sechs Enkel, wohnt in Siegen.

MEINE MUTTER WAR EINE TAPFERE FRAU

Ulrich Parzany

Eine der ersten Erinnerungen, die ich an meine Mutter Elfriede Parzany, geb. Steinhoff (1918–1998) habe, führt in den Schwarzwald. Ich muss drei Jahre alt gewesen sein. An der Hand meiner Mutter lief ich abends in der Dunkelheit durch tiefen Schnee auf einem Waldweg zwischen Bahnhof Freudenstadt und dem drei Kilometer entfernt liegenden Dorf Dietersweiler. In meiner Erinnerung hat der Schnee haushoch gelegen, denn der an Hand der Mutter marschierende Dreikäsehoch versank bei jedem Schritt im zwanzig Zentimeter tiefen weißen Abgrund. Nein, wir fuhren nicht in den Winterurlaub. Es war Krieg, 1944. Meine Heimatstadt Essen

Elfriede Parzany,
geb. Steinhoff
in Essen
(1918–1998)

wurde bombardiert. Der Vater war Soldat irgendwo in Russland. Wir waren aus dem gefährdeten Ruhrgebiet in den Schwarzwald „evakuiert" worden, wie man das nannte. Ein Jahr lang lebten wir bei zwei lieben Schwestern, die Amalie und Pauline Bauer hießen und Bauern waren. Liebe Christen, fromme Gemeinschaftsleute, mit denen uns auch später ein Leben lang herzliche Freundschaft verband. Für mich war das damals eine herrliche Zeit. Ich sprach fließend Schwäbisch, wie später überliefert wurde, lernte Spätzle, Maultaschen und andere schwäbische Köstlichkeiten lieben.

Aber für meine Mutter muss es eine schwere Zeit gewesen sein. 1940 hatte Friedel Steinhoff ihren Kurt Parzany geheiratet. Sie hieß eigentlich Elfriede, wurde aber immer Friedel genannt. Ihr junger Ehemann musste bald zu den Soldaten. Bis er 1945 aus amerikanischer Kriegsgefangenschaft nach Hause kam, musste seine junge Frau die meiste Zeit um ihn bangen. Er war immer nur kurze Zeit zwischendurch zu Hause oder sie besuchte ihn, wenn es ging. Mal in Gotha, wo er im Lazarett lag, mal in Pirna in seiner Offiziersausbildung. Am Ende des Krieges war sie noch einige Monate in Altenkirchen im Westerwald zusammen mit mir und einigen engen Verwandten evakuiert. In dieser Zeit wurde meine Schwester Jutta im Februar 1945 geboren. Und ausgerechnet dort erwischten uns in den letzten Kriegswochen die Bomben. Wir saßen wegen Bombenalarm alle im Keller. Es krachte ringsum und das Haus über uns wurde von nahe einschlagenden Bomben erschüttert und stark beschädigt. Wir rannten durch Staubwolken in den nahegelegenen Wald. Meine Mutter trug die kleine Schwester Jutta auf einem großen Kopfkissen mit einer Decke bedeckt. Das Bild hat sich mir tief eingeprägt. Die tapfere Mutter war damals 26 Jahre alt.

Dass ich im Rückblick die ganze entbehrungsreiche Zeit am Ende des Krieges und in der Nachkriegszeit nicht in schrecklicher Erinnerung habe, kann nur an der liebevollen Fürsorge der Mutter gelegen haben. Irgendwie war das Ganze für mich so etwas wie ein Abenteuerspielplatz in den Ruinen der zerbombten Stadt Essen. Die harten Entbehrungen führten dazu, dass meine Mutter an Tuberkulose erkrankte. Sie musste in ein Sanatorium. Unser Vater hatte glücklicherweise nach Rückkehr aus der Kriegsgefangenschaft Arbeit als Ingenieur. Wir Kinder kamen für einige Zeit in ein Kinderheim, ich weiß nicht genau wie lange. Die Erfahrungen waren nicht gut. Unser Vater hielt es vor Sehnsucht nicht aus und holte uns, sobald es ging, wieder heraus.

Jakob Steinhoff, der Vater meiner Mutter, war Elektrosteiger auf Zeche Elisabeth in Essen-Frillendorf. Er starb, als meine Mutter zehn Jahre alt war. Er und seine Frau Ida waren als junge Leute zum Glauben an Jesus gekommen. Das Bergbau-Milieu war rau. Viele Familien waren elend dran, weil die Männer ihren Lohn versoffen. Die Bekehrung zu Jesus bedeutete für Jakob und Ida auch eine radikale Abwendung von diesem Lebensstil. Meine Mutter war das jüngste Kind in der Familie. Ihr Bruder und ihre Schwester waren zwölf und mehr Jahre älter.

Meine Mutter hatte nach der Volksschule eine Ausbildung zur Einzelhandelsgehilfin in einem Schreibwarengeschäft gemacht. An Oberschule oder gar mehr war nach dem Tode des Vaters nicht zu denken. Sie war eine fleißige, sehr sorgfältige und lebenskluge Frau.

Dass sie nach ihrer Heirat nicht mehr berufstätig war, sondern sich unter den damals besonders schweren Verhältnissen der Familie widmete, war für sie völlig selbstverständlich. Sie war sehr gastfreundlich. Weil mein

Vater ehrenamtlich die Aufgabe eines Bezirkswohlfahrtspflegers übernahm, kamen viele Leute in unsere Wohnung, die dort ihr Wohlfahrtsgeld – eine Unterstützung durch das Sozialamt der Stadt – abholten.

Der fröhliche Glaube meiner Mutter und meines Vaters äußerte sich darin, dass das Beten und Singen in unserer Familie völlig selbstverständlich dazugehörte. Obwohl meine Mutter selber kein Musikinstrument spielte, war sie doch die treue Wächterin über den mehr oder weniger fleißigen Übungen von uns Kindern auf Flöte, Geige, Klavier, Trompete und was sonst Töne von sich gab.

Ich kann mich nicht erinnern, dass meine Mutter mir irgendwann mal so was wie Predigten gehalten hätte. Aber ihr fröhlicher, entschiedener Glaube an Jesus strahlte ihr aus allen Knopflöchern. Ich habe oft gehört, wie sie mit Vater, Freunden und Verwandten über die Erfahrungen erzählte, die sie in der sogenannten Stami– Abkürzung für Stadtmission – gemacht hatte. Das war eine lebendige Jugendarbeit unter Mädchen, die die Pastorin Änne Kaufmann in Essen leitete. Ihre Bibelarbeiten formten meine Mutter als mündige, bibellesende Christin. Änne Kaufmann war schon als Vikarin in der Bekennenden Kirche mutig engagiert gewesen.

Überhaupt der Kirchenkampf in der Nazi-Zeit hat meine Mutter wie meinen Vater sehr geprägt. Meine Mutter war 15 Jahre alt, als Hitler an die Macht kam. Durch Änne Kaufmann wurde sie gegen die Nazi-Ideologie geimpft. Die Essener Pfarrer Wilhelm Busch und Friedrich Gräber standen mutig gegen die Nazis und die von den Nazis bestimmten sogenannten Deutschen Christen. Als Friedrich Gräber 1934 von der deutsch-christlichen Kirchenleitung des Amtes enthoben wurde, gründete er die Freie Evangelische Presbyterianer Gemeinde. Der spätere Bundespräsident Gustav Heinemann, der durch Friedrich Gräber zum Glauben an Christus gekommen war, gehörte zu den Gemeindeältesten und mietete für die Gottesdienste den großen Saal der „Börse" am Essener Hauptbahnhof.

Wilhelm Busch predigte Sonntag für Sonntag früh in der Essener Marktkirche und nach deren Zerstörung im großen Saal des Weigle-Hauses, dem Jugendzentrum, das er leitete. Seine Predigten und später auch seine Bibelstunden waren für meine Mutter wohl die wichtigste Orientierung.

In unserer Familie wurden die Entwicklungen in der Kirche und die politische Entwicklung der jungen Bundesrepublik Deutschland in den 50er und 60er Jahren mit Freunden und Verwandten heftig diskutiert. Die Wiederaufrüstung der Bundesrepublik Deutschland war ein heißes Thema. Meine Mutter hat sich in politische Themen nicht besonders eingemischt. Aber als es wieder um Soldaten ging, wurde sie heftig. „Ich verstecke meinen Sohn im Keller unter den Kohlen, wenn sie ihn einziehen wollen", höre ich sie noch schimpfen. Krieg war für sie keine theoretische politische Möglichkeit. Sie hatte den ganzen Schrecken erlebt und wollte das nicht vergessen. Sie konnte sich darüber ereifern, dass wenige Jahre nach der Katastrophe schon wieder Aufrüstung in Deutschland betrieben wurde.

Als ich 1955 selber zum Glauben gekommen war, engagierte ich mich in der Jugendarbeit des Essener Weigle-Hauses. Als mir die Berufung zum vollzeitlichen Dienst gewiss wurde und ich Theologie studieren wollte, stieß das bei meinem Vater zunächst auf heftigen Widerstand. Das hing mit seiner Beurteilung der kirchlichen Entwicklung nach dem Krieg zusammen.

Die Eltern wollten sich nicht damit abfinden, dass nach den Erfahrungen des Kirchenkampfes nun alles wieder seinen amtskirchlichen und pfarrherrlichen Lauf nahm. Sie hatten gehofft, dass die neu gewonnenen biblisch-reformatorischen Erkenntnisse sich nun in der praktischen Arbeit der Kirche auswirken würde: Das Priestertum aller Gläubigen sollte durch die verantwortliche Mitarbeit aller Christen in der Gemeinde Gestalt gewinnen. Aber man sagte „Gemeinde" und meinte meist „Pfarramt". Die Gottlosigkeit der Deutschen war in der Nazi-Barbarei auf schreckliche Weise offenkundig geworden. Da musste die Kirche doch mit entschlossener evangelistischer Verkündigung reagieren! Was denn sonst? Aber sie erlebten schon Anfang der 50er Jahre, wie es gegenüber der evangelistischen Arbeit von Wilhelm Busch und anderen hieß: „So geht es nicht." Kirchliche Selbstgefälligkeit anstatt missionarischem Aufbruch.

Ich weiß, dass meine Mutter meinen Weg intensiv mit ihren Gebeten unterstützt hat. Auch mein Vater hat bald ein ganzes Ja zu meinem Dienst gefunden. Eine besonders starke Erfahrung war es, als die Eltern mich in Jerusalem besuchten, wo ich 1964/65 als Vikar tätig war. Sie kamen zusammen mit Regine, meiner jetzigen Frau, damals noch meine Verlobte. Solche Reisen waren in der damaligen Zeit nicht so selbstverständlich wie heute.

Der Tod meines Vaters im Jahre 1976 hat in der Seele meiner Mutter eine tiefe Wunde gerissen. In ihrem Glauben blieb sie ganz fest. Die Jahre als Witwe waren ihr nicht leicht. Einige Jahre lang wurde eine regelmäßige Dialyse-Behandlung nötig, um die Nieren funktionsfähig zu halten. Das war ihr zum Schluss eine große Qual. Größer noch als die körperlichen Beschwerden aber war ihr innerer Kampf im Gebet und in den Gesprächen mit den Ärzten, mit meiner Schwester und mit mir, ob sie diese Apparate absetzen lassen sollte. Wir mussten erleben, wie die moderne Apparate-Medizin einerseits Hilfe bietet, andererseits große Gewissensnöte verursacht, wenn es ans Letzte geht.

Meine Schwester Jutta war in der letzten Nacht an ihrem Bett, redete und betete mit unserer Mutter. Am Vormittag ging sie im Frieden mit Gott und versöhnt mit den Menschen in Gottes Ewigkeit. „Jesus ist Sieger" steht auf dem Grabstein von Kurt und Friedel Parzany.

Ulrich Parzany, 1941 in Essen geboren, 1960 Abitur am humanistischen Burggymnasium, Studium der evangelischen Theologie in Wuppertal, Göttingen, Tübingen und Bonn. Erstes Theologisches Examen 1964 in der Evangelischen Kirche im Rheinland, 1964-1965 Vikar in der deutschen Evangelisch-lutherischen Gemeinde in Jerusalem und Mitarbeit im Internat der arabischen Lutherischen Sekundarschule in Beit Jala, 1965-1966 Predigerseminar in Essen, 1966/67 Synodalvikar in Troisdorf bei Bonn, 1967 Zweites Theologisches Examen, 1967-1984 Jugendpfarrer und Leiter des Weigle-Hauses in Essen, 1984-2005 Generalsekretär des CVJM-Gesamtverbandes in Deutschland mit Sitz in Kassel, seit 1991 zunächst Vorsitzender, dann Evangelist und Leiter des missionarischen Projektes ProChrist, viele Buchveröffentlichungen. Seit 1967 verheiratet mit Regine, drei erwachsene Kinder, fünf Enkelkinder.

DIE VERBORGENEN WURZELN
IM LEBEN

Eckhard Schaefer

Wenn ich an meine Mutter denke, fällt mir spontan eine kleine charakteristische Begebenheit ein. Ich war fünf Jahre alt. Wir wohnten in Zinten/Ostpreußen im Gemeindehaus der Baptistengemeinde. In der Nähe war ein Jahrmarkt. Ein Kinderkarussell hatte es mir besonders angetan. Für zehn Pfennige konnte man auf bunten Pferden oder in schmucken Kutschen oder in roten Feuerwehrautos einige Runden drehen. Ich hatte kein Geld. Und so stellte ich mich einfach auf die Plattform, die sich mit den wunderschönen Aufbauten drehte. Ich dachte, dass ich für diesen Stehplatz

Lydia Schaefer,
geb. Schadwinkel
in Pillau/Ostpreußen
(1915-2002)

nicht bezahlen müsse. Aber während der Fahrt wurde kassiert, auch bei mir. Der Schaffner beschimpfte mich als Schwarzfahrer. Weinend lief ich zu meiner Mutter. Sie hörte mir zu, nahm mich in ihre Arme und gab mir zwanzig Pfennige. „Zehn Pfennige bringst du jetzt dem Schaffner und bittest ihn um Entschuldigung. Für die anderen zehn Pfennige fährst du im Feuerwehrauto Karussell."

Niemandem etwas schuldig bleiben, Fehler bekennen und nach Möglichkeit wieder gutmachen, habe ich von meiner Mutter gelernt.

Meine Mutter, 1915 in Pillau/Ostpreußen geboren, stammte aus einer Bäckerfamilie. 1934 heiratete sie mit gerade erst 19 Jahren den Pastor Karl Schaefer. Eine wirkliche Ehe konnten sie aber nur in den ersten vier Jahren bis zum Kriegsbeginn führen, denn danach war sie über elf Jahre eine Urlaubsehe.

Den 23. Psalm lernten wir schon sehr früh auswendig. Wie ein roter Faden begleiteten Worte daraus das Leben unserer Mutter und auch unser Leben. Er ist unser Familienpsalm.

In unserer Wohnung gab es keine Zentralheizung, dafür aber im Wohnzimmer einen großen Kachelofen. Weil der Vater im Krieg war, sorgte Mutter allein für ihre beiden Söhne und für manche Gäste, die im Pastorenhaus um Unterstützung baten. Im Sommer baute sie im großen Gemeindegarten Gemüse an und erntete Obst. In unzähligen Einweckgläsern wurde alles für die Winterzeit konserviert. Die Winter waren in Ostpreußen lausig kalt. Im Schlafzimmer zeigte das Thermometer oft nur 14 Grad an. Ich erinnere mich, dass es jeden Abend ein immer wiederkehrendes Ritual gab. Schamottsteine wurden in der Bratröhre erwärmt und in die kalten Betten gelegt. Gelegentlich wurden dann Bratäpfel in derselben Bratröhre zubereitet. Vor dem Schlafengehen knieten wir

Kinder nieder, dankten Gott für den Tag und beteten für den Vater. Dann sangen wir noch: „Weil ich Jesu Schäflein bin, freue ich mich immerhin über meinen guten Hirten, der mich wohl weiß zu bewirten, der mich liebet, der mich kennt und bei meinem Namen nennt." Dann wurde das Daunenbett am Ofen gewärmt, wir wurden darin eingehüllt, und es ging aus der warmen Stube ins kalte Bett.

Den 23. Psalm hat unsere Mutter auch mit uns gebetet, als wir im November 1947 die Nachricht vom Tod des Vaters erhielten. Sie las die Worte mit stockender Stimme. Er war kurz vor Ende des Zweiten Weltkrieges am 20.4.1945 gefallen. Meine Mutter hat nicht wieder heiraten wollen. Ihre ganze Liebe konzentrierte sich jetzt auf die beiden Söhne. Unseren Weg begleitete sie mit Fürsorge und manchmal auch mit Sorge. Bis ins hohe Alter gehörte neben Segenswünschen auch die Frage, ob wir an kalten Tagen einen wärmenden Schal dabeihaben und genügend Vitamin-C-Tabletten einnehmen, zum Abschiedsritual bei Besuchen oder Telefongesprächen.

Wenn sie im Alter einen „runden" Geburtstag feierte, dann bat sie uns, eine Andacht über „unseren" Psalm zu halten. Aufgrund ihrer beruflichen Verantwortung waren bei diesen Feiern auch immer Vertreter der Öffentlichkeit dabei. Sie sollten erfahren, wer der tragende Grund ihres Lebens war.

Mutter hat sich seit 1952 bis zum 80. Lebensjahr mit Engagement für Menschen eingesetzt, denen der Zweite Weltkrieg große Opfer an Gesundheit und Leben abverlangt hat. Im Verband der Kriegs- und Wehrdienstopfer hat sie nach den Anfängen 1952 als Kreisgeschäftsführerin sowie in leitenden Gremien auf Landes- und

Bundesebene gearbeitet. 28 Jahre lang war sie als ehrenamtliche Richterin am Landessozialgericht tätig. Wichtiger waren für sie aber persönliche Begegnungen. Täglich kamen in ihre Sprechstunden bis zu 15 Mitbürger, denen sie raten und helfen konnte.

„Mit Beharrlichkeit stets für Benachteiligte eingesetzt" stand als Balkenüberschrift in der Zeitung, als anlässlich einer öffentlichen Ehrung nach der Überreichung des Bundesverdienstkreuzes 1. Klasse ausführlich über ihr Lebenswerk berichtet wurde. Bereits einige Jahre zuvor hatte sie das Bundesverdienstkreuz am Bande erhalten. Bei dieser Gelegenheit konnte ich für unsere Familie vor den geladenen Gästen sagen: „Heute wurde unsere Mutter öffentlich geehrt. Zu den verborgenen Wurzeln im Leben unserer Mutter gehört ihr Gottvertrauen und ihre Zuversicht, dass unser Leben in Gottes Hand ist. Gerne hätte unsere Mutter ihre Kraft und Begabung auch an der Seite ihres Mannes ehrenamtlich in der Kirche gelebt. Das wurde ihr verwehrt. Sie ist deshalb nicht in Selbstmitleid verfallen. Sie hat nach ihrer Trauerzeit zielgerichtet nach vorne geschaut. Heute hat unsere Mutter einen Platz auf einem wunderschön geschnitzten Stuhl am Präsidententisch. Wir kennen sie aber auch, wie sie auf einem Melkschemel sitzt, um uns in der Nachkriegszeit zu ernähren. Heute steht unsere Mutter aufrecht vor Ihnen. Wir kennen sie aber auch, wie sie jahrelang schon morgens in der Frühe mit gebeugtem Rücken arbeitet, um im Wald Bäume zu pflanzen und damit ein Minimum zum Lebenserhalt zu verdienen."

Was sie öffentlich tat, war verwurzelt in ihrem Wesen und geschützt durch ihre Bescheidenheit. Dafür steht auch ein Erlebnis an Weihnachten 1945. Es war ihr gelungen, ein paar Kekse zu backen. Das Getreide hatte sie nach der Ernte auf dem Feld gesammelt und in einer alten

Kaffeemühle gemahlen. Sie bat meinen Bruder und mich, kleine Tüten mit Keksen noch an andere Flüchtlingsfamilien, von denen sie meinte, dass sie ärmer seien als wir, zu verschenken. Diese Erinnerungen zählen mehr als der verdienstvolle öffentliche Einsatz.

Unsere Mutter hatte Halt im Leben, weil sie von dem guten Hirten Jesus Christus gehalten wurde. Im „dunklen Tal" hat sie gelernt, Gott nicht nur für das zu danken, was er gibt und schenkt, sondern auch für das, was er nimmt. Kurz vor ihrem Sterben haben wir gebetet: „Gutes und Barmherzigkeit werden mir folgen mein Leben lang, und ich werde bleiben im Hause des Herrn immerdar." An ihrem Sterbetag hat sie diesen Vers mit einem lauten „Amen" bekräftigt.

Den Gottesdienst anlässlich ihrer Beisetzung im Oktober 2002 hat sie schriftlich vorbereitet und als Text für die Predigt auch unseren Familienpsalm gewählt.

 Eckhard Schaefer, Jahrgang 1936, Wurzeln in Ostpreußen, Flucht und Vertreibung Frühjahr 1945. Nach Ausbildung zum Industriekaufmann und Theologiestudium ab 1963 Pastor im Bund Evangelisch-Freikirchlicher Gemeinden (BEFG), zunächst Jugendpastor und Gemeindegründungsarbeit in Hannover, ab 1979 Gemeindepastor in Bremen. 1988-2000 Generalsekretär im BEFG. Verheiratet mit Christa, drei Töchter, sieben Enkelkinder.

DASS WIR NIE VOR IHNEN BEUGEN HERZ UND KNIE

Rolf Scheffbuch

Meine Mutter war unsere Mutter, die Mutter von fünf Söhnen und einer Tochter. Mein nächstgeborener Bruder Albrecht wurde als promovierter Jurist Dozent an einer Fachhochschule; er ist aber leider schon verstorben. Am Leben sind die weiteren Brüder Dr. Kurt Scheffbuch (einst Geschäftsführer eines Unter-

Vorne (v.l.): Vater Dr. Adolf Scheffbuch, Irmgard Weth (geb. Scheffbuch), Maria Scheffbuch, geb. Busch in Elberfeld, (1902-1980). Hinten: Pfarrer Winrich Scheffbuch, Dr. Kurt Scheffbuch, Rolf Scheffbuch, Dr. Albrecht Scheffbuch, Dekan Klaus Scheffbuch

150

nehmens und auch als Unternehmensberater tätig), Klaus Scheffbuch (langjähriger Dekan von Esslingen/Neckar), Winrich Scheffbuch (als Stuttgarter Gemeindepfarrer baute er die Hilfswerke „Hilfe für Brüder", „Christliche Fachkräfte International" und „Christian Co-Workers Inc." auf), sowie die in Neukirchen-Vluyn lebende und wirkende Schwester Irmgard Weth (Dozentin und Verfasserin der Neukirchener Kinder- und Vorlesebibeln)

Unsere Mutter Maria Scheffbuch, geborene Busch (1902–1980), besaß neben einer hohen Begabung und einer tief gegründeten Frömmigkeit vor allem auch unglaubliche Energie und einen wirtschaftlichen Sinn. Der hatte sich schon in Frankfurt bewährt, wo die in Elberfeld Geborene mit all den Busch-Geschwistern aufgewachsen war. Als nämlich 1921 nach dem plötzlichen Tod des Vaters Pfarrer Dr. Wilhelm Busch für die Familie finanziell ganz schwierige Jahre angebrochen waren. Da war es Maria Busch, welche durch unermüdlichen Einsatz Geld verdiente und so die Familie einschließlich ihrer Studenten-Brüder durchbrachte.

Als junge Ehefrau, verheiratet mit dem Diplomhandelslehrer Dr. Adolf Scheffbuch, wurde sie Mutter von fünf Söhnen und einer lange ersehnten Tochter. Die Mansardenwohnung in einem Schulgebäude im Stuttgarter Westen wurde zur Anlaufstelle für viele Verwandte und auch für eine ganze Schar von Menschen, welche bei unserer Mutter die Nähe und Ermutigung einer wahren Seelsorgerin suchten. Immer wieder wurde sie von Pfarrern und von Stadtmissionaren der heimatlichen Johannes-Gemeinde angefragt, ob sie nicht Vertrauensfrau und Mitglied im Besuchsdienst werden könnte, oder ob sie als Referentin da und dort helfen könnte. Sie aber antwortete: „Ich habe meine erste Aufgabe in meiner Familie! Ich möchte für meinen Mann und für meine Kinder ganz und mit ungeteiltem Herzen da sein!"

Einmal sagte ich unbedacht als kleiner Bub – es war anerkennend und dankbar gemeint: „Mama, du bist eben unsere Schafferin!" Es hatte mir eben Bewunderung abgenötigt, wie sie Woche um Woche meist am Mittwoch schon ab vier Uhr morgens in der tief unter dem Schulgebäude liegenden Waschküche mit hochrotem Kopf wirkte, bis sie dann am späten Vormittag im Schulhof die Wäsche zum Trocknen aufhängte, um die Berge von Wäsche dann an den folgenden Tagen abends mit den auf dem Gasherd erhitzten eisernen Eisen zu bügeln. Doch meine Mutter fuhr mich – ungewohnt – an: „Ich bin doch nicht eure ‚Schafferin'! Drunten in der dampfenden Waschküche, oder beim Bügeln oder beim Stopfen eurer Strümpfe bin ich innerlich am Beten – für das verwirrte Volk Gottes, für die Missionare, für meine Pfarrerbrüder. Ich stürme mit Beten den Himmel für meinen Mann, dass die Mächte des Abgrundes ihn in seinen großen Aufgabenbereichen – nach Ende des Krieges als Parlamentarier und als Abteilungsleiter im Kultusministerium – nicht überwältigen dürfen. Und ich bringe euch alle, meine Kinder und auch meine Patenkinder, betend vor Jesus. Und auch die ganze Knospstraße mit den vielen Nöten in den Familien, den alkoholkranken Nachbarn ebenso wie die in die Brüche gehende Ehe im Haus nebenan!" So war sie so etwas wie die geheime Priesterin der Knospstraße – ja auch der ganzen Johannes-Gemeinde und der bedrängten Christenheit.

Bei unserer Mutter hatte es mit dem Beten nicht sein Bewenden. Die auswärtigen Glieder der Familie – auch wir als Studenten in den Auswärts-Semestern – konnten damit rechnen, fast jeden Tag, mindesten jedoch drei- bis viermal die Woche, von der Mutter eine Postkarte geschrieben zu bekommen. Da hieß es etwa:

Heute kochten wir viele Gsälzgläser mit Freuden ein. Ich freute mich an den Hemden, die ich beim Schlussverkauf für euch neu anschaffen konnte. Richtigen Gewinn jedoch hatte ich abends von der Stunde in der Furtbachstraße. Bruder Aldinger machte uns wichtig, dass wir noch viel verlangender und sehnlicher mit ganz persönlichen Zuteilungen des Herrn Jesus rechnen könnten. Wie freue ich mich auch auf Dein Heimkommen am Samstag! In Liebe Deine M. („M" stand für „Mama", für „Mutter" und für ihren Vornamen „Maria".)

Beim Bügeln der großen Wäscheberge „durften" wir Geschwister der Mutter jeweils einige Seiten aus dem dicken Predigtbuch von Ludwig Hofacker lesen. Wir sollten dabei lernen, ausdrucksvoll und auch schriftdeutsch vorzulesen. Doch mehr, als wir je damals für möglich hielten, hat uns unter der Hand die Theologie des schwäbischen Erweckungspredigers geprägt.

Mittwochabends hielt unsere Mutter bei jeder Witterung der Zusammenkunft der Stuttgarter Altpietistischen Gemeinschaft die Treue. „Einer meiner Söhne darf mich begleiten", so hieß es dann. Es war uns auch eine Ehrensache, die Mutter nicht zu enttäuschen. Auf diese Weise sind wir auch mit dem pietistischen Gemeinschaftswesen Württembergs vertraut geworden. Schon unser früh verstorbener Großvater Dr. Busch hatte seinem damals kritischen Sohn Wilhelm geraten: „Halte dich überall zu dem meist verachteten und belächelten Häuflein derer, die die Bibel lieb haben. Oft wirst du auf manche

Merkwürdigkeiten stoßen. Die haben sie, weil sie oft an den Rand der Kirche gedrängt und misstrauisch beäugt wurden. Aber du wirst erfahren, dass auf der Gemeinschaft mit ihnen auch ein Segen ruht."

In den Jahren nach dem Krieg öffnete unsere Mutter gastlich ihre Wohnung in der Stuttgarter Knospstraße für die Mitarbeiterzusammenkünfte unseres gemeindlichen evangelischen Jugendkreises. Wenn wir vor und nach Bibelarbeit und Gebetsgemeinschaft lautstark unsere Lieder schmetterten, konnte sie ins dicht bestuhlte Wohnzimmer hereinkommen. Aber nicht, um uns zu leiserem Singen zu ermahnen, sondern um ganz im Gegenteil die Fensterflügel weit aufzumachen. Die ganze Nachbarschaft, die einst den Hitlerjugendgesang anhören musste „Unsere Fahne flattert uns voran, unsre Fahne ist die neue Zeit, und die Fahne führt uns in die Ewigkeit, ja die Fahne ist mehr als der Tod!", sie sollte jetzt auch das hören, was auf eine ganz andere Botschaft gestimmt war: „Jesu Name nie verklinget, ewiglich bleibt er besteh'n!"

Das Singen bestimmte auch den familiären Tagesablauf. Punkt 6.45 Uhr wurden die Fensterflügel weit geöffnet. Aus neun Kehlen erklang der Morgenchoral. Wer dazu zu spät erschien, konnte mit einem durchdringenden Blick der Mutter rechnen. Schon zuvor hatte sie die Gesangbücher für die sechs Kinder, für die Haushaltshilfe und für die Hausgäste aufgeschlagen. Es war eine besondere Auszeichnung, den Choral mit dem Klavier begleiten zu dürfen. Mindestens so weit sollte der Klavierunterricht von Tante Johanna Lang führen, dass wir auch ohne Noten jede Choralmelodie harmonisierend begleiten könnten. „Dies Singen war", so formulierte es einmal eine ganz unkirchlich scheinende Nachbarin, „wie ein Gruß aus einer anderen Welt!" Uns Geschwistern wurde aber über dieser Sitte der frühmorgendlichen Andacht zur guten und auch bejahten Gewohnheit, jeden Morgen eine Viertelstunde für das Begegnen mit Gott vorzusehen. Denn nach dem Singen – jede Woche kam ein anderer Choral dran – wurde die Herrnhuter Losung und dann ein Bibelabschnitt gelesen, jeweils reihum. Dann betete jedes von uns Geschwisterkindern „sein" Gebet, angefangen von „Mach in mir deinem Geiste Raum" des Ältesten bis hin zum „Ich bin klein" der Jüngsten. Aus der täglichen Morgenandacht schöpften unsere Eltern die Kraft, uns auch in aufregenden Zeiten eine geborgene und sogar fröhliche Kindheit zu ermöglichen. Diese Kraftquelle haben wir uns bis heute erhalten.

Unsere Eltern setzten sich dafür ein, dass wir Geschwister alle die bestmöglichen Schulen besuchen und dort auch bis zum Abitur weiterkommen konnten, notfalls mit Hilfe von Nachhilfestunden. So gab es eine Periode, da wir fünf Brüder alle das traditionsreiche humanistische Eberhard-Ludwigs-Gymnasium und unser Schwesterlein das Mörike-Gymnasium (das einstmalige Evangelische Töchterinstitut) besuchten. Wenn der eine oder andere von uns Brüdern gegen Schuljahresende mit einem „blauen Brief" nach Hause kam, der die Gefährdung der Versetzung signalisierte, dann trat unsere Mutter wie eine Löwin bei den Klassenlehrern für ihre Söhne ein (die Tochter hatte es nie nötig). Auch unser Vater, als Ministerialrat Abteilungsleiter in der Unterrichtsverwaltung, scheute sich nicht, sich vor seine Söhne zu stellen. Denn immer wieder ließ er auch uns wissen: „Es ist meine Lebenserfahrung, dass sich Leute im Leben besonders dann schwer tun, wenn sie in der Schule an der Spitze waren. Sie sind dann in tiefster Seele verletzt, wenn sie einmal im Rennen des Lebens nicht mehr an der Spitze liegen. Wer sich aber schon in Schuljahren durchkämpfen musste, der ist kampfgestählt für das Leben!"

Ein Kämpfer war unser Vater. Schon vor Hitlers Machtergreifung hatte er in der Zeitschrift „Deutsche CVJMs in den USA" einen Artikel veröffentlicht, der unter der Überschrift stand „Weshalb ich Hitler ablehne". Dabei blieb unser Vater. Er ließ sich nicht zur Mitgliedschaft in der Hitler-Partei nötigen. Auch nicht durch Strafversetzungen, Gehaltskürzungen und Drohungen. Am Morgen nach der Schändung jüdischer Synagogen und der Plünderung jüdischer Geschäfte drängte es ihn, den Schülerinnen seiner Klasse zu sagen: „Was heute Nacht geschah, das war Unrecht!" Wenn dann wohlmeinende Verwandte unsere Mutter bedrängten, sie möge doch mit Rücksicht auf die ganze Familie ihren Mann von seinem „Starrsinn" abbringen, dann konnte unsere Mutter klärend sagen: „Ich bin stolz auf meinen Mann!" Sie stand unbeirrt hinter ihm – und begründete auch ihre Ablehnung des Mutterkreuzes damit: „Solange meinem Mann von unserem Staat kein Recht widerfährt, möchte ich auch keine Ehrung von diesem Staat!"

Als ich 1937 als „Erstklässler" eingeschult wurde, da begleitete mich die Mutter zu der Feier auf den Schulhof der Stuttgarter Johannesschule. Plötzlich jedoch war sie nicht mehr an meiner Seite. Sie hatte sich weggeschlichen, um bei der feierlich-pompösen Flaggenhissung und beim Singen der Nationalhymne samt „Die Fahne hoch" nicht dabeisein und die Hand zum „Hitlergruß" erheben zu müssen. Als sie endlich wieder da war und mich an der Hand nahm, sagte sie erklärend die Zeilen von Philipp Spitta: „Dass wir nie vor ihnen beugen Herz und Knie, auch nur zum Schein, sondern fest als deine Zeugen dasteh'n, wenn auch ganz allein!"

Bei einem der großen Stuttgarter „Gemeindetage unter dem Wort" konnte die Mutter wegen körperlicher Schwachheit nicht dabeisein. Es war ein Gemeindetag, vor dem mir besonders bange gewesen war. Zu vieles war schon im Vorfeld drunter und drüber gegangen. Aber die Freunde aus Hülben auf der Schwäbischen Alb, wo unsere Mutter im Stammhaus der Kullen-Familie ihre letzten Lebensjahre zubrachte, brachten einen Kartengruß der Mutter zu mir an das Podium. Auf ihr stand nur: „Es ist beim Herrn kein Unterschied, zu helfen unter vielen oder da keine Kraft ist. In Liebe denkt an Dich Deine M. (auf der Höhe des Hügels)."

Wie einst Mose Fürbitte zu tun für das Volk Gottes, gerade auch für die in Zeiten großer Verwirrung nach klarer Ausrichtung verlangende Gemeinde des Christus Jesus, darin sah sie ihre Lebensaufgabe.

Rolf Scheffbuch, geboren 1931 in Calw (Schwarzwald), Gemeinde- und Jugendpfarrer, Dekan und schließlich Prälat in der württembergischen Kirche, langjähriges Mitglied in den Synoden der EKD und der württembergischen Kirche und Vorsitzender der Ludwig-Hofacker-Vereinigung, des Europa-Komitees der Lausanner Bewegung für Weltevangelisation, des „Gemeindetages unter dem Wort" und von ProChrist e.V., lebt im aktiven Ruhestand in Korntal bei Stuttgart, ist verheiratet, hat vier erwachsene Kinder und sieben Enkel.

SO EENE FINDSTE NICH ALLE TAGE

Gerhard Schnitter

Meine Mutter Emma Schnitter, geborene Meider, wurde 1902 in Niederstetten in Württemberg geboren. Die Familie zog später nach Rothenburg o. d. Tauber. Dort lernte sie ihren zukünftigen Ehemann Ernst Schnitter aus Moritzburg/Sachsen kennen. Das Diakonen–Ehepaar lebte zunächst in Ebersbach in Sachsen, dann in Obercunnersdorf und hatte vier Kinder. Hier einige wichtige Erinnerungen an sie:

Sie hatte eine wunderbare Stimme. Damit sang sie meinen drei Geschwistern und mir, wenn irgend möglich, am Bettrand vor dem Schlafengehen Abendlieder vor, Lieder, die mir heute noch im Ohr sind. Nach dem Singen folgte das Abendgebet. Und das beinhaltete für mehr als

Emma Schnitter,
geb. Meider
in Niederstetten,
Baden-Württemberg
(1902-1969)

drei Jahre auch das Gebet um die Rückkehr unseres vermissten Vaters aus Russland. Denn er wurde noch kurz vor Kriegsende zum Militär eingezogen und war vermutlich in russische Gefangenschaft geraten. Danach hörte meine Mutter nichts mehr von ihm. Endlich, nach drei Jahren, bekam sie 1948 den Brief eines Mitgefangenen mit der Nachricht, dass ihr Mann bereits im Herbst 1945 auf dem Heimtransport von Russland verstorben sei. Nun war sie also offiziell eine alleinerziehende Witwe mit vier Kindern. Hörte damit ihr Singen auf? Nein, auch wenn es oft mit Tränen vermischt war. Sie sang weiter mit uns und mit Freunden. Singen war für sie Lob Gottes und gleichzeitig Lebenselixier. Es war eine entscheidende und prägende Lektion, die uns unsere Mutter durch ihr Festhalten am Glauben und am Lob Gottes auch im Leid vermittelt hat. „In dir ist Freude in allem Leide" – sobald wir die Stimme halten konnten, hatten auch wir Kinder Freude an dem mehrstimmigen Satz zu diesem Lied. Gleichzeitig wuchsen wir mit den damals neuen Liedern der großen Dichter aus der Widerstandsbewegung auf wie Jochen Klepper, Rudolf Alexander Schröder u.a.. Auch die neuen Melodien von Chr. Lahusen, J. Petzold oder F.S. Rothenberg setzten sich durch ihr Singen in unseren Ohren fest.

Sie war eine mutige Frau. Mutig etwa, als 1945 die Rote Armee in unser Dorf einzog. Da gab es immer noch Gefechte mit Resten der Waffen-SS. Diese beschoss von einem Hügel aus diejenigen Häuser im Dorf, die eine weiße Fahne gehisst hatten. Wegen dieser letzten Scharmützel und weil viele der Häuser keinen Keller hatten, suchten viele Dorfbewohner und auch Flüchtlinge in unserem Keller Schutz. Wir bewohnten mit etwa 100 obdachlosen Männern und dem Personal das Obdachlosenheim „Wanderarmenheim" in Obercunnersdorf. Plötzlich schrie eine Frau, die direkt an der Kellertür stand: „Jetzt komm n se!"

Was würden nun die Russen mit uns machen? In den Keller hineinschießen? Es herrschte gespannte Ruhe. Schließlich nahm meine Mutter als amtierende Heimleiterin meinen damals dreijährigen jüngsten Bruder auf den Arm und ging die Kellertreppe nach oben, um irgendwie die russischen Soldaten zu begrüßen – wahrscheinlich auch, um einem Beschuss zuvorzukommen. Wir schauten ihr die Treppe nach oben hinterher. Vor lauter Angst blieben alle ganz still. Aber wahrscheinlich aus Respekt vor dieser Mutter, wurde sie höflich und zuvorkommend behandelt. Sie musste den Soldaten alle Räume des Hauses zeigen, denn es ging ja auch darum, verstreute deutsche Soldaten zu finden. Schließlich durften alle aus dem Keller herauskommen.

Sie war auch eine ängstliche Frau. Ängstlich zum Beispiel gegenüber Tieren. Zu unserem Heim gehörte eine größere Landwirtschaft. Meine Mutter hatte als Stadtkind nie eine Beziehung zu Tieren gefunden, weder zu Rindern, Pferden oder Schweinen noch zu Hunden oder Katzen. Mäuse waren ihr ein Graus. Und um das liebe Federvieh machte sie gern einen Bogen. Sie war aber auch dann ängstlich, wenn es um Fragen unserer Erziehung oder Berufswahl ging. Oft sagte sie: „Wie hätte unser Vater gedacht und entschieden?" Als sein Tod dann offiziell bestätigt war, begannen für sie demütigende Erfahrungen: Ihr wurde zuerst die Leitung des Wanderarmenheimes, ehemals eine Einrichtung der Inneren Mission, von den DDR-Behörden entzogen, nachdem die Verstaatlichung bereits unter den Nazis erfolgt war. Sie durfte vorübergehend noch als Wirtschaftsleiterin tätig sein, bis man sie schließlich als einfache Köchin im Schichtdienst einsetzte. Nie hat sie gegen diese Degradierungen angekämpft. Aber immer hatten wir Kinder den Eindruck, dass sie Rat und Hilfe bei ihrem himmlischen Vater suchte – in ihren persönlichen

Erniedrigungen und auch in den Turbulenzen, die mit vier lebhaften Kindern, vor allem später in der Jugendzeit, immer wieder aufkamen. Sie hatte auch Glaubensgeschwister, mit denen sie beten konnte. Wahrscheinlich war diese Kraftquelle ihres Glaubens der Grund dafür, dass sich ihre zurückhaltende Ängstlichkeit mit einem überaus freundlichen Wesen verband? Und vielleicht haben sich auch gerade deshalb manche Kriegs- und Flüchtlingswitwen an ihrem Beispiel orientiert, sodass wir durchaus stolz auf sie waren, wenn jemand in breitem Schlesisch sagte: „So eene findste nich alle Tage."

Sie war eine liebevolle Pädagogin. So war sie uns zum Beispiel ein Vorbild darin, dass ihr die Teilnahme am Gottesdienst ein Bedürfnis war, auch wenn sie oft zwischen den Liedern, die sie voller Hingabe mitsang, vor Erschöpfung einschlief. Für sie war es selbstverständlich und wichtig, dass wir Kinder alle mindestens ein Musikinstrument erlernten, denn sie argumentierte: „Musik bildet." Natürlich hatte sie wegen ihrer beruflichen Belastung kaum Zeit, mit uns zu üben. Aber sie ermutigte uns – oft nur im Vorbeigehen: „Schön!" – „Spiel das nur recht genau." Eines Tages hatten mein jüngerer Bruder und ich die Idee, dass wir uns ein Fohlen kaufen wollten. In unserer Fantasie meinten wir, dass wir, wenn wir erst einmal 100 Pfennige gespart hätten, den Kauf durchführen könnten. Das entsprechende Exemplar hatten wir auch schon bei einem Bauern im Ort angeschaut. Nun sammelten wir Pfennige in einer Büchse. Eigentlich hätte uns unsere Mutter diese Idee ausreden müssen mit dem Hinweis auf alle Folgen, die mit der Haltung und Pflege eines Pferdes verbunden waren. Stattdessen ging sie mit uns zu dem betreffenden Bauern, damit wir unser Kaufangebot vortragen konnten. Er meinte, da müssten wir nun aber doch noch etwas mehr sparen. Und bis wir das Geld beisammen hätten, würde er gut auf das Tier aufpassen. Na, irgendwann war bei uns dann der Dampf raus. Aber unsere Mutter hatte unsere Ziele und Pläne nicht kleingeredet. Wir haben dadurch gelernt, dass Anstrengungen nötig sind, um etwas zu erreichen, auch wenn es diesmal noch nicht ganz ausgereicht hat. Während meines späteren Musikstudiums nahm sie lebhaften Anteil an meinen Fortschritten oder beobachtete auch kritisch zweifelhafte Entwicklungen. So reiste sie zum Beispiel einmal extra nach Stuttgart, um meinem Gesangsunterricht beizuwohnen und um sich ein eigenes Bild von meiner Entwicklung machen zu können.

Sie konnte begleiten, ohne zu bedrängen. Als meine beiden älteren Geschwister und ich uns einer nach dem anderen nach Westdeutschland absetzten, bedeutete das für sie jedes Mal eine schmerzliche Trennung. Trotzdem gab sie wegen der Vorteile, die sich uns dadurch bieten würden, ihre Einwilligung. Schließlich wagte sie als Letzte zusammen mit meinem jüngsten Bruder auch den Sprung nach Westen. Es war für sie ein ständiger Gebetswunsch, dass wir neben Fortschritten in Ausbildung und Beruf auch Anschluss an christliche Gemeinden bzw. Jugendkreise fänden. Sehr rege begleitete sie nach meinem Studium mein Engagement in der Bewegung der Moralischen Aufrüstung (MRA). Sie ließ sich gern davon berichten und besuchte unsere Theater- und Musical-Veranstaltungen. Aber weder deren Qualität noch meine große Begeisterung, am Aufbau „positiver" gesellschaftlicher Veränderungen mitzuwirken, konnten ihre Zweifel am Erfolg unserer Bemühungen zerstreuen: „Ihr könnt doch keine neuen Menschen machen. Das kann nur Jesus." Oder: „Ihr werdet die neue Welt nicht bauen können, das wird Gott tun." Mit einem wachen geistigen Horizont versuchte sie zu verstehen, was jeden von uns beschäftigte. Aber oft schien es auch zu viel für sie. Weinend brach es dann aus ihr heraus: „Wenn doch euer Vater noch da wäre, der könnte euch besser raten." Obwohl sie diesen Schmerz immer mit sich trug, behielt sie ihre Fröhlichkeit und blieb eine überaus kontaktfreudige Frau. Aber die schweren Belastungen der Nachkriegsjahre und die große Verantwortung als alleinerziehende Mutter hatten so stark an ihren Kräften gezehrt, dass sie schließlich unter Herzbeschwerden litt. Leider hat sie es nicht erlebt, dass ich oder meine Geschwister in eine bewusste Jesusnachfolge getreten sind. Aber sie hat bis zum Schluss dafür gebetet. Gott hat ihre Gebete erhört. Nach ihrem Tod in Nürnberg 1969 kam einer nach dem anderen von uns zum Glauben. Jeder auf seine Weise. Und in jeder unserer Familien zog sich die Segensspur weiter, die mit den Gebeten unserer Mutter, Großmutter und inzwischen auch Urgroßmutter gelegt worden war.

Gerhard Schnitter, geboren 1939 in Obercunnersdorf/Oberlausitz. Schreinerlehre, 1957 Studium der Kirchenmusik in Herford, 1958 Musikstudium in Stuttgart, 1963-1969 hauptamtlich in der MRA (Moralische Aufrüstung) tätig, dabei internationale Musical-Tourneen und später musikalischer Leiter von „Sing Out Deutschland". 1970 durch die Aidlinger Schwestern und den Offenen Abend Stuttgart zu Jesus Christus gefunden. Bis 1980 Musiklehrer in Stuttgart, dann Leiter der Musikabteilung des ERF Wetzlar. 1995-2006 Musiklektor und Musikproduzent im Hänssler Verlag, 2006-2008 in Paraguay als Chorleiter und Dozent. Autor christlicher Lieder, Musicals und verschiedener Chorwerke. Vier erwachsene Kinder, wohnt mit Ehefrau Elisabeth in Gomaringen bei Tübingen.

JESUS NUR ALLEIN

Anton Schulte

Wir waren eine zehnköpfige Familie, Vater und Mutter, sowie acht Kinder. Ich war das Zweitjüngste. Mein Vater war ein Bergmann, aber durch die große Arbeitslosigkeit in den 20er Jahren schied er als Frührentner aus dem Berufsleben aus und machte sich mit seiner eigenen Gärtnerei selbstständig. Er war ein mutiger, fleißiger Mann mit vielen Ideen und unternehmerischen Fähigkeiten.

Meine Mutter Katharina Schulte, geb. Droll, wuchs als Kleinkind in einem Waisenhaus in Essen-Steele auf. Mit 14 Jahren begann sie eine Haushaltslehre im Haus ei-

Katharina Schulte, geb. Droll in Kalkar/Niederrhein
(1884-1973) mit Sohn Anton

nes Landrichters. Früh lernte sie meinen Vater kennen, und sie heirateten bald. Während des Ersten Weltkrieges wohnten sie mit ihren drei Kindern in einer kleinen Mietwohnung. Nach dem Krieg versuchte mein Vater, in nicht weniger als 17 Nebenberufen seine Familie zu versorgen. Als er bei der ersten Inflation 1923 ein Haus in Bottrop mit einem Wochenlohn kaufen und bezahlen konnte, besaß er auch den großen Garten für seine Gärtnerei. Meine Mutter übernahm das Samengeschäft, und wir Kinder halfen beim Tütchenkleben.

Weil ich erst 1925 geboren wurde, weiß ich nicht viel von dieser Zeit. Nachdem ich im Jahre 1931 eingeschult worden war, erlebte ich dann doch ziemlich bewusst die spannungsvolle Zeit der Arbeiteraufstände, die Machtübernahme durch Hitler und die damit verbundenen Veränderungen.

Das zielstrebige Denken und Handeln hatte ich von meinem Vater geerbt, das musische und etwas verträumte Wesen aber von meiner Mutter. Sie hatte schon als Mädchen beim Währungswechsel vom Taler zur Reichsmark den ersten Preis der Tageszeitung für ihr Gedicht „Der Taler" erhalten.

Meine Eltern waren, wie schon Generationen vor ihnen, römisch-katholisch. Sie waren in einer katholischen Missionswoche bei einem Missionar zu einer bewussten Weihe ihres Lebens und zum persönlichen Glauben an Jesus gekommen. So waren wir als die frömmste Familie in der ganzen Straße oder „Ecke" bekannt, wie man das so sagte. Wir gingen nicht nur an jedem Sonntag in die Kirche, sondern auch noch dienstags und donnerstags zur Frühmesse, wo ich manchmal schwänzte. Wir gehörten auch zur Jungschar der Gemeinde bis zum Verbot 1936. Für das geistliche Leben in der Familie war meine Mutter zuständig.

Vater schimpfte anfangs auf die Nazis, während Mutter das nicht gerne hörte. Sie fürchtete, dass der Vater ins Gefängnis kommen könnte, denn überall erzählte man heimlich davon, dass Menschen „abgeholt" worden seien, keiner wusste wohin. So flüsterte man ab 1935 nur noch und erzählte sich die Witze über Hermann Göring und Adolf Hitler nur noch hinter vorgehaltener Hand.

Später, wenn mein Vater auf den katholischen Pfarrer schimpfte, weil er seine Predigten mit politischen Ansichten vermischte, ging er in eine Kirche in einem anderen Stadtteil. Ich hörte, wie Mutter ihn ermahnte, sich nicht gegen die gelehrten Priester zu wenden. Die müssten es doch besser wissen. Sie war sehr kritisch, wenn Vater von seinem evangelischen Freund so positiv sprach. Er dachte ökumenisch und akzeptierte selbst die Altkatholiken, die Pfingstler und auch die neuapostolischen Bekannten, denen er als bekennender Christ begegnete.

Abends hörte ich meine Eltern, wie sie im Bett liegend beteten und uns Kinder beim Namen nannten. Sie sprachen ganz freie Gebete, was bei wenigen Katholiken, die ich kannte, der Fall war. Er sagte einmal zu meiner Mutter, dass der Schuster Kalm sogar wisse, dass er in den Himmel kommen würde. Den habe ich mir dann besonders lange angeschaut. Meine Mutter aber hielt nichts davon. Sie las ihr Gebetbuch und betete den Rosenkranz.

Als meine Eltern herausfanden, was ich mit zwölf und 13 Jahren alles für böse Sachen trieb – lügen, stehlen, mir Vorteile ergattern – da litten sie sehr darunter. Aber meine Mutter sagte mir nur selten ein ermahnendes Wort. Sie betete.

Eines Tages, damals hatten wir unser altes Haus vermietet und einen großen Bauernhof in Stadtnähe gepachtet, beobachtete meine Mutter mich, wie ich in einem alten hohen und ausgehöhlten Baumstumpf stand und den Pastor nachmachte. Das war ja wie eine Kanzel, und sie erlebte so meine ersten Predigtversuche. Da hat sie angefangen dafür zu beten, dass ich ein Pfarrer werden möchte. Aber ich wurde das Gegenteil. Mehr und mehr bezweifelte ich die ganze Sache mit der Kirche. Als ich weit weg von zu Hause eine Lehre als Müller machte und dann zum Reichsarbeitsdienst und Militär eingezogen wurde, wandte ich mich völlig von der Religion ab. Ich wurde kein Atheist, aber ich klammerte die Gottesfrage einfach aus. Meine Kameraden waren meist bekennende Atheisten.

Später, nachdem mein Vater in den Bomben umgekommen war und ich aus der Gefangenschaft zurückkehrte, erzählte sie mir von meinen kindlichen Predigtversuchen und ihren Gebeten. Ich war inzwischen am Ende meiner Kriegsgefangenschaft in einer Gemeinde der Offenen Brüder in Schottland zum Glauben gekommen und hatte eine missionarische Ausbildung zum Evangelisten auf der Bibelschule in Wiedenest erhalten. Deshalb sagte ich ihr: „Da kannst du mal sehen, wie Gott dein Gebet erhört hat. Gott gibt über Bitten und Verstehen. So bin ich nicht nur ein Pastor, sondern sogar ein Evangelist geworden."

Ich besuchte sie oft. Und als ihr die Wohnung in einem kalten Winter zu kalt wurde, willigte sie ein, zu uns in der Winterzeit nach Kirchen an der Sieg zu ziehen. Mittlerweile hatte ein katholischer Pfarrer von der Steiler Mission ihr gesagt, dass sie sich um meine Konfession und meine Arbeit keine Sorgen machen müsste. Während ich ja fast ständig zu Evangelisationen unterwegs war, hatte meine Frau die Möglichkeit, mit ihr über geistliche Dinge zu sprechen. Bei den täglichen gemeinsamen Andachten fand sie dann auch durch meine erste Frau Hermine zur Gewissheit des Glaubens, der sich jetzt allein auf das Erlösungswerk Jesu und die Zusagen der Heiligen Schrift gründete. Vorher war sie sehr ungewiss und vertraute nur dem Zuspruch eines Geistlichen. So kam sie vom traditionellen Kirchenglauben zum lebendigen Vertrauen auf die allein in Jesus gegründeten Heilszusagen der Bibel. Sie blieb katholisch, aber bei ihrer Beerdigung, wo etwa 70 Verwandte angereist waren, habe ich mit einem Steiler Missionar, der als Aushilfe in Weyerbusch gerade den Dienst tat, gemeinsam gewirkt. Er las die vorgeschriebenen Gebete und ich predigte auf dem Friedhof zu allen Gästen, dem Wunsch meiner Mutter entsprechend, ein einfaches Evangelium.

Rückblickend bin ich meinen Eltern sehr dankbar, dass ich an ihrem Vorbild Gottesfurcht und durch die religiöse Unterweisung in Kirche und Schule viel biblisches Grundwissen erhalten habe. Vom Vater habe ich die unternehmerische Art und Zielstrebigkeit, am meisten aber hat mich die stille treue Art meiner Mutter geprägt. Darüber mag mancher lächeln, wenn er an meine kräftigen Predigten denkt. Aber zu Hause und außer Dienst, bin ich ein stiller, oft in mich gekehrter Träumer. Das ist so ein Stückchen Mentalität vom Niederrhein, wo meine Mutter geboren wurde.

Anton Schulte, 1925 in Bottrop geboren, nach Müllerlehre Reichsarbeitsdienst, Soldat in Italien, US-Gefangenschaft in den USA und Schottland, dort 1948 Bekehrung und 1949 dort erste Predigt in Kilmarnock, 1949 Zeltdiakon

in Deutschland. Nach Bibelschule Wiedenest Jugendevangelist bei „Jugend für Christus", 1954 Gründung
des Missionswerkes „Neues Leben" und verschiedener
weiterer Werke im In- und europäischen Ausland, Süd-
amerika und Asien (Sportler ruft Sportler, SRS e. V.),
Zeitschrift „Neues Leben" etc.), Autor von über 50 Bü-
chern und Autor bzw. Übersetzer mehrerer Lieder. In
erster Ehe mit Hermine verheiratet, Söhne Peter und
Wilfried, vier Enkel und drei Urenkel, verwitwet. In
zweiter Ehe verheiratet mit Heidi, verwitwete Kühnel,
zwei Kinder, acht Enkelkinder. 1992 Übergabe der Leitung des Missionswerkes an die Söhne Peter und Wilfried.

VON IHREN GEBETEN BEGLEITET

Johannes Sczepan

Meine Mutter Edith Sczepan, geb. Bednarski, ist bis heute eine unglaublich beeindruckende, lebenslustige und fröhliche Frau. Mit inzwischen knapp 83 Jahre ist sie Gott sei Dank geistig fit geblieben und nimmt regen Anteil an ihrer Umwelt und am Leben ihrer Kinder und Enkelkinder. Es bringt Freude, sie zu besuchen, auch wenn es nur eine Viertelstunde sein sollte, wie etwa auf einer Durchfahrt bei einer Geschäftsreise. Selbst wenn es nur ein kurzes Telefonat zwischendurch

Edith Sczepan, geb. Bednarski in Herne (*1928) mit Familie

sein kann, macht sie keine Vorwürfe, sondern freut sich über jeden Augenblick der Gemeinschaft. Das ist für mich ein schönes Geschenk und Vorbild für mein eigenes Älterwerden.

Meine Mutter kommt aus einfachen Verhältnissen. Ihr Vater war Bergarbeiter. Ein Schatten fiel auf ihre Kindheit, als ihr älterer Bruder im Zweiten Weltkrieg mit nur 18 Jahren in Russland fiel. Das war für sie in früher Kindheit ein großer Schock. Davon hat sie uns immer wieder berichtet. Die Familie flüchtete aus Ostpreußen und ließ sich in Herne, im Ruhrgebiet, nieder.

1955 heiratete sie meinen Vater Herbert, der sich damals auf dem Predigerseminar der Baptisten in Hamburg ausbilden ließ. Mit seiner ersten Pastorenstelle in Pinneberg musste meine Mutter ihre Heimat in Herne verlassen. Meine Schwester Ulrike kam 1956 zur Welt, und ein Jahr später wurde ich geboren. Ich freue mich bis heute darüber, dass ich das Licht der Welt im Krankenhaus in Hamburg-Schnelsen erblickte, sodass ich mich als gebürtiger Hamburger mit den Hanseaten verbunden weiß.

Mein Vater wechselte 1961 als Pastor nach Duisburg im Ruhrgebiet, das damals noch im wahrsten Sinne des Wortes der „Ruhrpott" war. Alles war düster und dreckig, und wir zogen als Familie in den vierten Stock eines Wohnhauses, mitten in der Stadt. Inzwischen waren wir zu sechst, weil 1960 mein Bruder Martin und 1961 mein Bruder Andreas geboren worden war. Unser gesamtes Familienleben spielte sich in den ersten sechs Jahren auf nur 80 Quadratmetern ab. Wir hatten weder einen Balkon noch einen Garten. Die räumliche Enge wurde noch dadurch vergrößert, dass das Arbeitszimmer meines Vaters in unserem Wohnzimmer untergebracht war. Wenn er sich auf seine Predigt vorbereitete, mussten wir

Kinder Ruhe halten. Dafür hatte Mutter zu sorgen. Was dies für ein Kunststück war, kann ich erst heute als Erwachsener richtig würdigen. Da mein Vater viel unterwegs war und meine Mutter keinen Führerschein besaß, konnten wir auch keine Ausflüge unternehmen. Und das bei vier Kindern und einer Wohnung mitten in der Innenstadt!

Gerne besuchten wir als Familie unsere Großeltern mütterlicherseits in Herne, denn dort erlebten wir immer eine sehr schöne und entspannte Atmosphäre. Aus dieser positiven familiären Grundstimmung hat meine Mutter sicherlich ihren Lebensmut und ihre Freude am Leben geschöpft.

Unsere familiäre wirtschaftliche Situation war sehr schlicht. Und trotzdem: Wenn ich heute an diese Zeit zurückdenke, habe ich nicht das Gefühl, dass wir wirklich etwas vermisst hätten. Die Defizite spürten wir kaum, denn unsere Mutter war immer für uns da und wirkte durch ihre unglaublich fröhliche und lebenslustige Art positiv auf uns.

Die schönste Zeit unserer Kindheit brach 1969 mit unserem Umzug nach Lübeck an. Mein Vater hatte dort eine Pastorenstelle angenommen. Mitten im Sommer, nach rund acht Jahren Ruhrpott, zogen wir als Familie in eine Pastorenwohnung in einem schneeweißen Haus, das am Rande des Stadtparks von Lübeck lag. Ich werde nie vergessen, dass wir durch den Umzug außerdem fast zehn Wochen Sommerferien hatten, da sich die Ferien in Schleswig-Holstein an die Ferien in Nordrhein-Westfalen anschlossen. In dieser wunderbaren Zeit fuhren wir nachmittags sehr oft nach Travemünde an den Strand. Wir konnten kaum glauben, dass dies nun unser Zuhause sein sollte und nicht nur Urlaub war. In Lübeck verbrachten wir eine glückliche Kindheit und Jugendzeit mit allen

Möglichkeiten, die uns eine große und lebendige Gemeinde wie diese bot, angefangen bei der Jungschar, über die Teenagerarbeit bis hin zur Jugendgruppe.

Meine Mutter stand zwar nicht in der ersten Reihe der aktiven Mitarbeiter der Gemeinde, aber wir hatten stets ein offenes Haus. Was es bedeutet, bei vier eigenen Kindern zu Geburtstagen und anderen Anlässen zwischen 30 und 40 Personen zu bewirten, weiß ich erst heute zu bewerten und zu schätzen, wo ich selbst einen Haushalt habe. Dabei war meine Mutter stets ausgeglichen, fröhlich und erfüllte ihre Aufgaben mit großer Hingabe. Sie war immer für uns und unseren Vater da und stellte ihre eigenen Ansprüche, wie ich heute weiß, meist in den Hintergrund.

Für sie war und ist die Familie das Ein und Alles, sie ist die Klammer, die auch heute noch die Familie zusammenhält. Neben meinem Vater, der sein Christsein immer ein Stück „enger" betrachtete, war meine Mutter eine im Glauben eher großzügige Frau. Sie hatte großes Verständnis für unsere pubertären Entwicklungen und begleitete uns mit ihrer lebensbejahenden Art darin. Ob es in meiner Jugend meine langen Haare, die ausgestellte oder hautenge Jeans war – meine Mutter ertrug vieles. Wenn mein Vater uns verbieten wollte, mit Jeans in den Gottesdienst zu gehen, hörte ich sie oft sagen: „Ach lass sie doch!" Das sind Worte, die mir heute noch in Erinnerung sind. Während mein Vater der strenge und respektheischende Vater war, war sie immer wieder die ausgleichende Mutter. Ausgleichend ist ein leicht gesagtes Wort, aber heute weiß ich, dass dies bei vier Kindern mit Sicherheit nicht immer einfach gewesen ist.
Sie hat es aus meiner Sicht geschafft, jeden einzelnen von uns vier Kindern zu fördern. Dies ist umso beachtlicher,

da sie, wenn mein Vater entweder im Gemeindedienst stark eingespannt oder auch längere Zeit zu auswärtigen Gemeindediensten unterwegs war, uns praktisch überwiegend allein erzog.

Dabei ließ sie uns große Freiheiten, war aber jederzeit da, wenn man sie brauchte. 1976 zogen wir als Familie letztmalig gemeinsam in die Nähe von Bad Homburg um. Da wir dort etwas außerhalb wohnten, machte meine Mutter mit fast 50 Jahren den Führerschein. Das unterstreicht auch ihre lebensbejahende und positive Grundhaltung.

Jetzt begann die Zeit, in der die Kinder langsam aus dem Haus gingen. Meine Schwester Ulrike war bereits in Lübeck zurückgeblieben, um dort ihre Schulausbildung zu beenden. Wir drei Jungens lebten nun gemeinsam mit meiner Mutter in einer Etagenwohnung zusammen, da mein Vater durch seine neue Tätigkeit als Leiter der Heimatmission der Baptisten in Deutschland noch mehr unterwegs war als zuvor. Mein Vater hatte es durch seine Sparsamkeit geschafft, sich 1974 einen Mercedes zu kaufen. Er war beim Kauf noch fast neu. 1977 passierte es. Ich wollte meine Bekannten vom Flughafen in Frankfurt abholen. Da ich selbst nur einen alten VW Käfer besaß, überredete ich meinen Vater, mir den Mercedes zu geben, da ich nur damit alle Koffer transportieren könnte. Aber nur weil auch meine Mutter ihm zuredete, stimmte er schließlich zu, wenn auch widerwillig, da sie in den nächsten Tagen mit ihrem Mercedes in den Urlaub aufbrechen wollten.

Ich wollte meinen Freunden zeigen, wie schnell solch ein Mercedes fahren kann. So kam es, wie es kommen musste. Ich fuhr viel zu schnell um die nächste Kurve, sah den Rückstau zu spät, konnte nicht mehr rechtzeitig bremsen, versuchte vergeblich, noch auszuweichen – knallte aber frontal gegen eine Litfasssäule. Das Auto hatte nur noch Schrottwert.

Jetzt rief ich meine Eltern an, und bat sie, zu der Werkstatt zu kommen, in die das Auto abgeschleppt worden war. Sie kamen. Sie waren sehr gefasst. Hochachtung vor meinem Vater, der sich das Auto hart erspart und beruflich dringend nötig hatte. Er sagte nur ganz ruhig: „Dann können wir das Auto ja ausräumen. Denn das bekommen wir nicht mehr wieder." Und als er danach doch etwas bekümmert fragte, was nun aus dem Urlaub werden solle, antwortete meine Mutter ganz normal: „Wir können ja mit dem alten Käfer fahren." Das taten sie dann auch. Mein Vater bekam kurze Zeit darauf einen alten Peugeot 504, einen ehemaligen Dienstwagen vom Oncken Verlag, und das Thema hatte sich damit für alle erledigt.

Da die Eltern meiner Mutter immer gebrechlicher wurden, entschieden sich meine Eltern, sie 1977 zu uns zu holen. Dadurch konnte sie meinen Vater von Zeit zu Zeit auf Dienstreisen begleiten, da meine Großeltern dann bei uns waren. Das Leben mit drei Generationen unter einem Dach und auf einem Stockwerk brachte zum einen viel Freude, war aber auch eine echte Herausforderung. Meine Eltern verzichteten über viele Jahre auf ihr Schlafzimmer, und meine Mutter pflegte ihre Eltern bis zu deren Tod. Dies hat sie still und ohne Aufhebens gemacht. Erst heute weiß ich das richtig zu schätzen.

Als ich meine Frau Martina kennenlernte und sie 1981 heiratete, fiel es meiner Mutter sehr schwer, ihren Sohn richtig loszulassen, zumal ich ihr erstes Kind war, das in den Stand der Ehe trat. Wir suchten für uns als junges

Paar eine Wohnung im weiteren Umkreis meiner Eltern. Wir fanden aber ausgerechnet fast in derselben Straße eine Wohnung, die uns gefiel und für die wir uns dann entschieden. Es war schwer für meine Mutter, dass ich zwar in der Nähe lebte, aber trotzdem nicht mehr zu Hause war. Am Anfang unserer Ehe verspürten wir als junge Eheleute einen gewissen Erwartungsdruck. Erst mit dem ersten Umzug, den wir als junges Paar nach Bielefeld machten, konnte sich die Beziehung natürlich entwickeln und ist bis heute gut, fröhlich und entspannt.

Im Jahr 1984 begann auch für meine Mutter die Zeit der Krankheiten. Sie verbrachte einen wochenlangen Klinikaufenthalt in einer Berliner Rheumaklinik. Mein Vater verbrachte mit ihr gemeinsame Zeit, so viel er irgend konnte. Aufgrund der Entfernung zwischen Bad Homburg und Berlin und angesichts seiner vielen Reisen war dies aber nur schwer zu verwirklichen. Wir Kinder wechselten uns ab und besuchten sie regelmäßig.

Als mein Vater 1991 pensioniert wurde und auch die Eltern meiner Mutter verstorben waren, zeigte sich erst, wie unternehmungslustig und reisefreudig meine Mutter eigentlich ist. In dieser Zeit war sie viel mit meinem Vater unterwegs und genoss es, mit ihm auf Reisen zu sein. Dazu gehörten auch verschiedene USA- und sonstige Auslandsreisen.

Durch eine Hüftoperation und einen Sturz geht sie nun seit mehr als zehn Jahren an Krücken. Aber auch das hat weder ihre Lebensfreude noch ihren Lebensmut erschüttert. Wenn ich heute immer wieder mal sage: „Mach langsam", z.B. beim Treppengehen, dann sagt sie nur: „Ich kann gar nicht anders."

Meine Mutter liebt da, wo es möglich ist, auch mal den Luxus. Aber sie kann ebenso über Wochen sehr genügsam sein. An ihr fasziniert mich immer, dass sie beides

kann. Wenn ich sie heute besuche und sie zum Essen ein-
lade, dann wünscht sie sich nichts lieber, als in ein Frank-
furter 5-Sterne-Hotel ausgeführt zu werden, ist aber dann
auch wieder zufrieden, wenn ich sie mehrere Wochen
nicht besuchen kann. Gerade durch ihre Krankheit ist sie
oft ans Haus gebunden. Wenn dann außerdem auch kein
Besuch kommt, weil auch wir Kinder nicht am Ort wohnen, vergehen oft einige Tage im Alleinsein. So oft es geht,
holen wir sie dann aber zu uns.

Im Jahr 2004 starb mein Vater. Kurz vor seinem Tod
meinte er, es wäre wohl der Wunsch meiner Mutter, zu
uns nach Kassel zu ziehen, weil sie nicht allein leben
könne. Umso erstaunlicher war es für mich, dass sie sich
sehr schnell auf das Alleinsein umstellen konnte. Bis
heute ist sie gerne über Wochen bei uns Kindern zu Besuch, aber sie freut sich dann auch wieder auf ihr Zuhause in Bad Homburg.

So ist und bleibt meine Mutter mit 83 Jahren für mich
auch heute noch eine im Grunde jung gebliebene Frau,
die teilnimmt am Leben, an ihrer Umwelt und am Geschehen um sie herum. Sie hat immer noch einen kindlichen Glauben, der für mich Vorbild ist. Es ist schön zu
wissen, dass sie mich durch ihren geistlichen Tiefgang mit
ihren Gebeten begleitet. So genieße ich jeden Augenblick
mit ihr, ob in ihrer Wohnung, ob bei einem schönen gemeinsamen Essen oder wenn sie einmal wieder für mehrere Tage zu Besuch kommt.

Johannes Sczepan, geboren 1957 in Hamburg, nach mittlerer Reife Ausbildung zum Industriekaufmann, berufsbegleitendes Fernstudium zum graduierten Betriebswirt, verschiedene Führungsfunktionen im Vertrieb der heutigen Daimler AG, Geschäftsführer der Georg von Opel Handelsgruppe, CEO eines internationalen Automobilportals „Car4you", seit 2002 Geschäftsführer der Plansecur Unternehmensgruppe für Finanzdienstleistungen, verheiratet mit Martina, ein Sohn, lange Jahre Vorstandstätigkeit und Vorsitz vom Verein „Christen in der Wirtschaft", aktuell Vorstand und Schatzmeister des Vereins ProChrist.

„VERRICHT DAS DEINE NUR GETREU"

Dr. Manfred Siebald

Wer ist eigentlich diese Frau, die hier neben mir auf dem Sofa sitzt, die so gut wie nichts mehr sehen kann und deren Worte und Bewegungen inzwischen ganz langsam geworden sind? Zwischen den Sätzen, die wir miteinander sprechen, ist es still. Die Sonne draußen steht tief, und auch wenn die Dunkelheit schon zu ahnen ist – je tiefer die Sonne sinkt, desto goldener werden die Wände des Zimmers. Was im Leben dieser Anna Katharina Siebald war wohl golden, und was war eher dunkel? Und was aus den fast 90 Jahren dieses Lebens hat mein eigenes Leben geprägt? In der Stille dieses Nachmittags beginne ich mit ihr darüber nachzudenken.

Anna Katharina Siebald, geb. Deist in Baumbach bei Rotenburg an der Fulda (*1920)

Zunächst verdanke ich meiner Mutter natürlich meine Geburt in diese Welt hinein. Die verlief wegen einer verwickelten Nabelschnur kompliziert genug – sie sagt mir, dass ich mit ziemlich blauem Gesicht auf die Welt kam. Die Hebamme aus dem Nachbardorf, die mein Vater den kleinen Berg hinauf- und dann wieder hinunterhechelnd zu holen versuchte, war bereits längst in unserem Dorf – allerdings bei einer anderen Geburt – und so war es ein eilig herbeigerufener Arzt, der die Wehen dann doch noch zu einer Erfolgsstory machte. Und dann habe ich ihr zu danken, dass sie und mein Vater in diesem kleinen nordhessischen Dörfchen Baumbach (bei Rotenburg an der Fulda) das erste Jahr lang jede Nacht meinen Gesang ertragen mussten. Diese Töne waren wohl von mir als frühe Stimmübung gemeint (vielleicht schon als Vorbereitung auf ein Dasein als Liedermacher), aber schlafbedürftigen Eltern kommen da wohl andere Gedanken.

In diesem Dorf war sie selbst 1920 geboren worden. Dass ihr Leben nicht unbedingt leicht sein würde, zeichnete sich schon bald ab. Nachdem sie ihre eigene Mutter schon im Alter von 15 Monaten verloren hatte (sie war bei der Pflege ihres tuberkulosekranken Bruders selbst erkrankt und dann falsch behandelt worden), waren die nächsten Stationen Kassel, Hofgeismar, Iserlohn und Halle. Zur Mittelschule ging sie, absolvierte dann eine Buchhalterlehre und schließlich ein Volontariat bei der *Mitteldeutschen Zeitung*. Ein Schock war der Tod auch ihrer Stiefmutter, die mein Großvater drei Jahre nach dem Tod seiner ersten Frau geheiratet hatte. Von dieser frommen, wenn auch strengen Frau hatte sie viel über den Glauben gehört. Es war dann wohl die Begegnung mit meinem Vater auf einer Maiveranstaltung in Halle und die beginnende Liebe zu ihm, die ihr half, den Schmerz zu überwinden. Mit 20 Jahren heiratete sie den Reichsbahninspektor, der später, aus der Kriegsgefangenschaft geflüchtet, wieder in unserem Geburtsdörfchen ankam.

Verdanke ich meiner Mutter auch mein Christsein? Wohl nicht in dem Sinne, in dem ich ihren Genen meine braune Augenfarbe verdanke. Eher, weil ich an ihr und meinem Vater eine beeindruckende Kehrtwende beobachten konnte – von einer religiösen Gleichgültigkeit hin zu einem ganz bewussten Leben mit Gott. Wie das kam? Durch einen dramatischen Einschnitt in ihrem Leben. Im Frühjahr 1953 stellte man bei ihr einen Tumor am Stimmband fest, der sowohl am Klinikum Kassel als auch an der Universitätsklinik Göttingen als bösartig diagnostiziert wurde. Die Ärzte waren sich über die Vorgehensweise uneinig und entfernten das Karzinom schließlich ohne die zunächst geplante Bestrahlung. Als sich bei den Kontrolluntersuchungen über Jahre hinweg keinerlei neuer Krebs zeigte, sprach der sie behandelnde Facharzt immer wieder von „einem seiner schönsten Fälle". Für meine Eltern war die Heilung ein Wunder Gottes. In einem Buchbeitrag beschrieb das meine Mutter später einmal so:

„Bis zum Beginn dieser schweren Krankheitskrise mit all ihren Aufregungen und nervlichen Belastungen lebte ich nach gutbürgerlichen Maßstäben und war dem Namen nach Christ. Meine Eltern hatten mich als Kind christlich erzogen, und ich meinte, mit meiner Familie ein ordentliches Leben zu führen. Wir beteten zu Tisch, gingen gelegentlich zur Kirche und bemühten uns, anderen Menschen gegenüber anständig zu handeln. Als aber diese schwere Krankheit über mich im Alter von 33 Jahren hereinbrach, verlor ich fast den Boden unter den Füßen. Ängste überfielen mich und Fragen, wie es weitergehen sollte, und tief in meinem Inneren fühlte ich, dass mir für ein wirklich christliches Leben etwas Entscheidendes fehlte. Erst viel später wurde mir bewusst, dass es Jesus Christus als mein Erlöser war. In meiner Not begann ich, intensiv zu Gott zu beten, dass Er an mir ein Wunder tun und mich gesund machen möchte und dass Er mir eine Chance geben sollte, näher mit Ihm in Verbindung zu kommen. Ich wusste plötzlich genau, dass ich so nicht vor Ihm bestehen konnte. Mit meinem Mann, der mir in dieser kritischen Zeit treu zur Seite stand und alle Nöte mit mir trug, begann ich, christliche Veranstaltungen aufzusuchen, die uns Denkanstöße gaben. Wir trafen in dieser Zeit auch alte Freunde wieder, die uns zu einem Hausbibelkreis einluden. Dort fanden wir nach Jahren des Suchens in einer Bibelwoche zum lebendigen Glauben an Jesus Christus und nahmen Ihn als unseren Erlöser in unser Leben auf. Gott hat mein Gebet um ein Wunder erhört. Über die körperliche Heilung hinaus hat Er uns ein neues Leben geschenkt und uns in den vielen Jahren seither treu geführt. Heute sind wir Gott dankbar, dass Er uns im Anfang schwere Wege führte und uns dadurch in Seiner Liebe herausholte aus unserer Gottesferne."

Als kleiner Junge habe ich diese Kehrtwende sehr wohl mitbekommen und fand sie damals wie heute überzeugend. Da war kein Schwärmertum zu spüren, sondern es ging um nüchterne Entscheidungen über unser Verhalten im Alltag, um neue Verbindlichkeiten im Blick auf das Wachstum des Glaubens und um das Übernehmen von neuen Aufgaben. Meine Eltern haben mich meiner Erinnerung nach dabei weder unter Druck gesetzt, noch mir das Gefühl gegeben, dass ihr eigener Jesus-Glaube ausreichte, auch mich in den Himmel zu befördern. Ihr Lebensstil stellte ganz natürlich die Frage, wie ich denn selbst zum Glauben stand. Weil in unserer Gemeinde keine Jugendarbeit existierte, schickten sie mich in die Jungschar einer Evangelisch-Freikirchlichen Gemeinde in der Nähe, in der mein Kinderglaube wachsen konnte, bis ich selbst mich für ein konsequentes Leben mit Jesus Christus entschied.

Eine der Konsequenzen aus der Krankheitserfahrung war ein neuer Blick meiner Mutter für die Nöte von Menschen, die körperlich oder psychisch krank waren. Viele Patienten im städtischen Klinikum von Kassel besuchte sie – oft jahrelang –, ausgestattet mit viel Zeit zum Zuhören, mit Lesematerial und mit ihrem Tonbandgerät, von dem sie Evangeliumslieder abspielte. „Nimm mich bei der Hand, Vater" war da zu hören, „Das altrauhe Kreuz" und viele andere tröstliche Lieder. Oft war ich dabei, und oft bat sie mich, mit meiner Geige für die Patienten auf dem Krankenhausflur solche Lieder zu spielen. Ab und zu war auch Tante Erna mit von der Partie, eine Christin aus der Nachbarschaft; sie besaß eine Stimme mit viel Vibrato und übertönte meine kleine Violine mit Leichtigkeit. Ob die damalige Qualität meines Geigenspiels wirklich der Heilung von Körpern und Seelen förderlich war, möchte ich im Rückblick bezweifeln. Aber vielleicht waren die schräg gekratzten Töne für manchen Patienten einfach eine willkommene Abwechslung im langen Klinikalltag. Und mich haben diese Einsätze wahrscheinlich stärker geprägt, als ich damals wusste: Ohne Sichtkontakt zum Publikum, ohne Belohnung und ohne Applaus mein Bestes zu geben und einfach darauf zu hoffen, dass Gott meine Musik trotz aller ihrer Mängel dazu gebrauchen konnte Menschen anzusprechen, war eine wunderbare Schule für viele spätere Jahre auf der Bühne.

Aber Mamas Erkrankung hatte nicht nur geistliche Konsequenzen. Auch praktisch änderte sich so einiges.

Zum Beispiel war klar, dass sie jetzt soweit wie möglich ihre Stimme schonen musste. Deshalb wurde zur innerfamiliären Kommunikation für jeden von uns ein individueller Pfiff eingeführt: Einmal gepfiffen hieß 'Manfred', zweimal hieß 'Ulrich' (für meinen älteren Bruder), und ein mehr sirenenhaftes Auf und Ab hieß 'Papa'. Und dann gab es auch einen völlig neuen Ernährungsstil. Um die körperlichen Abwehrkräfte zu stärken, aßen wir überwiegend „gesund": Rohkost oder biologisch angebaute Nahrungsmittel aus dem Reformhaus in speziellen Zubereitungen. Die konsequente Art meiner Mutter bescherte mir als Kind damit so einige traumatische Erfahrungen. Ich hatte nun das zweifelhafte Vergnügen, abends Sauermilch mitsamt einer obenauf schwimmenden Fettschicht essen zu dürfen. Oder den Körner-Rundumschlag „Kruska", einen für mein Empfinden geschmacksneutralen Brei aus so ziemlich allen mitteleuropäischen Getreidesorten mit ein paar Rosinen als einzigem Trost. Oder jeden Morgen vor dem Gang zur Schule ein Getränk, das aus der Gemüsebrühe des Vortages bestand, allerdings unter Zugabe von eingeweichtem Leinsamen – was der ganzen Substanz eine glibberige Konsistenz verlieh. Dass dieses Gebräu zu allem Überfluss noch den Namen „Excelsior" trug, empört noch heute mein Sprachgefühl.

Ferien machten wir eine Reihe von Jahren in Erholungsheimen, in denen man nach den Vorschriften des schwedischen Gesundheitsapostels Åre Waerland lebte – im Allgäu oder an der Ostsee. An das Frühstück in einer dortigen Pension habe ich noch genaue Erinnerungen: Es bestand für jeden von uns aus genau einem Viertel Kohlkopf – völlig ungekocht und ohne jegliche Würze. Habe ich tatsächlich dieser Phase von Mamas Leben irgendetwas zu verdanken? Vielleicht meine Flexibilität gegenüber Küchenprodukten jeder Art. Eines meiner Lebensmottos – auf vielen Reisen in verschiedensten Ecken der Welt erprobt – lautet: „Was der Bauer nicht kennt, muss der Bauer unbedingt kennenlernen." Dazu hat sicher die abenteuerliche Bioküche jener Jahre einen Beitrag geleistet.

Die Fürsorge für das gesundheitliche Wohl unserer Familie heißt nun allerdings nicht, dass meine Eltern uns eine Burg bauten, die von der Außenwelt abgeschottet war. Unser Haus hatte so offene Türen, dass immer irgendein einsamer Mensch hereinkommen konnte oder – irgendwo in der Stadt aufgelesen – mitgebracht wurde. Da war die entfernte Verwandte aus Chile, die in Deutschland operiert werden sollte und um eine Wohnung bat. Da kam die Anfrage, ob wir einen jungen Amerikaner der Brethren Church auf Friedensmission in Deutschland beherbergen könnten. Und da kontaktierten Mama und Papa eine amerikanische Kirchengemeinde, um zu fragen, was sie für die amerikanischen Soldaten von der nahegelegenen Army Base tun könnten, die in der Stadt herumsaßen und denen man die Langeweile und das Heimweh schon von weitem ansah. Einigen von ihnen konnten wir über Jahre hin wenigstens ein Stück Heimat weit weg von der Heimat geben.

Ich erinnere mich an einen Nachmittag, an dem Mama über zwanzig Amerikaner in unserem Wohnzimmer verköstigte. Das Gelächter und den fröhlichen Trubel kommentierte sie strahlend mit den Worten: „What a trouble, what a trouble!" – zum Erstaunen der Gäste, die eigentlich nicht den Eindruck einer gestressten Hausfrau hatten. Das etwas holprige Schulenglisch (das erst in späteren Jahren durch Volkshochschulkurse besser wurde) spielte ihr auch bei anderer Gelegenheit einen Streich, als sie nämlich einen der Pflegesöhne mit dem Wunsch verabschiedete: „I hope that you become a good wife." Sprachlich spannend blieb die Gastfreundschaft, als John aus Indonesien und Sang Mun aus Korea in unserem Haus erschienen – und ihre wachsenden Familien gleich mit eingeladen wurden. Bis heute rufen meine Pflegegeschwister aus der ganzen Welt an und gratulieren ihrer „Mutti" zum Geburtstag oder erkundigen sich danach, wie es ihr geht. Mein Blick hat sich in jenen Jahren weit über den Tellerrand hinaus geweitet, und das offene Haus hat mein ganzes Denken über eigenen Besitz und über die Hilfsbedürftigkeit anderer Menschen beeinflusst. Den Bibelvers „Seid gastfrei zu jedermann" habe ich erst später entdeckt, aber erlebt hatte ich ihn längst. Und schließlich hat – so sehe ich das heute – die Gastfreundschaft meiner Eltern meinen beruflichen Weg vorbereitet; durch die ganz praktische Erfahrung, dass die englische Sprache nicht nur im Schulbuch stand, sondern von lebenden Menschen gesprochen wurde, wurde sie mir zur zweiten Muttersprache und zum Gegenstand meines literaturwissenschaftlichen Berufs.

Noch ein prägender Charakterzug meiner Eltern fällt mir ein: die Gerechtigkeit im Umgang mit ihren zwei Söhnen. Bei ihnen war es „Gerechtigkeit" nicht in dem Sinne, in dem dieses Wort von Eltern oft als wohllautende Umschreibung für unbarmherzige Strenge gebraucht wird. Sie bestand vielmehr in dem Bemühen, keinen der beiden Söhne gegenüber dem anderen zu bevorteilen. Sicherlich geboren aus eigener leidvoller Erfahrung meines Vaters war dieses Bestreben bei vielen Gelegenheiten und in manchmal ganz kleinen Gesten zu spüren. Im Wintersemester 1969/70 studierte ich am Manchester College in Indiana im amerikanischen Mittelwesten. Zur gleichen Zeit hielt sich mein Bruder Ulrich als Entwicklungshelfer in Somalia auf. Die Briefe mit Nachrichten von zu Hause, die unsere Mutter uns beiden gemeinsam in die Ferne schrieb, waren (das Computerzeitalter war längst noch nicht angebrochen) sauber mit der Schreibmaschine und mit Kohlepapier getippt. Um keinem von uns das Gefühl zu geben, er werde weniger geliebt, bekam einmal mein Bruder das Original und ich den Durchschlag, und beim nächsten Mal bekam, genau umgekehrt, ich das Original und er den Durchschlag.

Oder wurde schon früh die für eine bürgerliche Familie selbstverständliche Frage gestellt, welches Instrument die Kinder lernen sollten. Ich erinnere mich noch gut an den Gang ins Kasseler Konservatorium, wo uns Albrecht Jacobs, mein späterer Geigen- und Bratschenlehrer, auf unsere musikalischen Begabungen testete. Bei mir war sein Urteil im Blick auf meine langen Finger eindeutig: „Geiger" (er sagte zum Glück nicht „Dieb"), und bei Ulrich sagte er: „Klavier". Nun zeigte sich ziemlich bald, dass die Stärken meines Bruders auf ganz anderen Gebieten lagen und dass deshalb der Klavierunterricht für ihn mehr Last als Freude war. Aber das elterliche Gerechtigkeitsbedürfnis diktierte ihm die ungeliebte Klavierstunde über Jahre hinweg zu – er sollte später nicht sagen können, er sei dem kleinen Bruder (dem das Geigenspiel nach einigen Jahren des pubertären Widerstands richtig Spaß machte) gegenüber benachteiligt worden. Hier hätte ich mir im Rückblick mehr elterliche Flexibilität gewünscht, bin aber auf der anderen Seite heilfroh, dass sie mir mit sanftem Druck und unter beträchtlichen finanziellen Opfern die Entwicklung meiner musikalischen Gaben ermöglicht haben.

Mama ist über dem Erinnern und Erzählen müde geworden. Und ich bin ein Stück gewisser geworden, dass Gott mich durch diese Mutter an mehr Stellen meines Lebens gesegnet hat, als ich auch jetzt noch ahne. Ihr gelebtes Christsein, ihre seelsorgerliche Zuwendung zu anderen Menschen, ihre Großzügigkeit und Gastfreundschaft, ihr Gerechtigkeitssinn und ihre Konsequenz (die man auch mit dem guten alten Wort „Treue" bezeichnen könnte) empfinde ich als tief in mein Leben eingeschriebene – wenn auch an vielen Stellen einfach noch nicht erreichte – Ziele. Zu ihrem 80. Geburtstag habe ich in einem Lied zu beschreiben versucht, wie sehr sie sich einen Satz Georg Neumarks zu eigen gemacht hat. Der schreibt in der letzten Strophe des Chorals „Wer nur den lieben Gott lässt walten": „Sing, bet und geh auf Gottes Wegen, verricht das Deine nur getreu und trau des Himmels reichem Segen, so wird er bei dir werden neu; denn welcher seine Zuversicht auf Gott setzt, den verlässt er nicht."

Verricht das Deine nur getreu
Sing, bet und geh auf Gottes Wegen,
verricht das Deine nur getreu.(Georg Neumark*)

Für Anna Katharina Siebald (80)
Dass Gott dich schon seit jungen Jahren
in seiner Hand gehalten hat,
das hast du irgendwann erfahren.
Du sahst, was Christus für dich tat.
Er bot Vergebung dir und Leben,
und sagte: „Ich mach alles neu.
Ich hab das Meine dir gegeben.
Verricht das Deine nur getreu."
Dass andre gerne aufgeblasen
sich hell im Rampenlichte sehn
und, während sie sich feiern lassen,
doch auf dem Rücken andrer stehn –
das will dir einfach nichts bedeuten,
und du fühlst keinen Neid dabei.
Du hältst dich zu den kleinen Leuten
und tust das Deine nur getreu.

Dass diese Welt vor Hunger zittert
und hoffnungslos nach Frieden lechzt
und mancher um dich her verbittert
und einsam unter Lasten ächzt –
daran schaust du bei allem Schrecken
und aller Trauer nicht vorbei.
Gott lässt dich einen Schritt entdecken,
und den verrichtest du getreu.
Und wenn am Ende deines Lebens
der letzte Schritt ins Helle führt,
dann weißt du: Nichts war je vergebens,
weil Gott voll Liebe sagen wird:
Ich gab dir Kräfte, gab dir Gaben.
Du brauchtest sie. Ich half dabei.
Nun sollst du meine Freude haben.
Komm her, mein Kind. Du warst mir treu.

* Verricht das Deine nur getreu, Georg Neumark

Manfred Siebald, geboren 1948 in Alheim-Baumbach als zweiter Sohn von Anna Katharina und Friedrich Siebald. Aufgewachsen in Kassel. 1967-1977 Studium, Staatsexamina und Promotion in Anglistik und Germanistik an der Philipps-Universität in Marburg. Seit 1977 Lehre, Habilitation und Professur in Amerikanistik an der Johannes Gutenberg-Universität Mainz. Gastprofessuren in den USA. Seit 1970 (Veröffentlichung der ersten Single, gefolgt von zahlreichen CDs) Texter und Komponist von christlichen Liedern und Chansons. Verheiratet mit Christine, ein Sohn, wohnt in Mainz.

WENN ICH NACH HAUSE KOMME, BIN ICH REICH

Jörg Swoboda

Durch einen Rückenschaden war meine Mutter Margarete Swoboda, geborene Geisler (14. Sept. 1910), in ihren letzten Lebensjahren ganz in sich zusammengerutscht. Wollte sie mir in die Augen sehen, musste sie sich mühsam hochrecken. Aber in Wirklichkeit blickte ich zu ihr auf. Weshalb, möchte ich jetzt erzählen.

Margarete Swoboda, geb. Geisler in Reddicken, Kreis Goldap (Ostpreußen) (1910-2005) mit Sohn Jörg und Tochter Christel

„Ich bin ein armes Kind von einem ostpreußischen Bauernhof", sagte sie einmal nachdenklich. Zu ihren Kindheitserinnerungen gehörte ein Lämmchen, das morgens immer an ihr Bett kam, um sie zu wecken. Doch eines Morgens war es fortgeblieben. Voll böser Ahnung ging sie es suchen – und fand nur noch Blutspuren.

Als „Gretchen" vier war, brach der Erste Weltkrieg aus. Noch im hohen Alter konnte sie den furchtbaren Schrei ihrer Mutter hören, als der Postbote ihr 1916 den Brief brachte, den alle Soldatenfrauen so fürchteten.

Oft stand sie am Bahndamm und schaute voller Fernweh den vorbeidonnernden Zügen nach. Wie eine Erlösung kam ihr deshalb der Schritt in die Ferne vor. Mit dreizehn ging sie als Hausmädchen nach Westfalen. Es schwang immer ein bisschen Stolz in ihrer Stimme mit, wenn sie berichtete, dass sie später als Dienstmädchen eines reichen Juden in Berlin den berühmten Albert Einstein bedienen durfte. Hier hat sie auch ihren ersten Kuss von einem Mann bekommen. Der Koch passte sie ab und drückte ihr einen auf, ohne dass sie sich dagegen wehren konnte. Dass der Koch verheiratet war, belastete ihr Gewissen lange Zeit.

Ihre Geschichte mit Jesus begann, als ihre Freundin Berta Dorn sie mit zu den Baptisten nahm. Eine Freizeit im Riesengebirge bereitete ihre Lebenswende vor. Abseits vom fröhlichen Treiben der Gruppe saß sie da und schaute traurig zu. Das war mehr als nur ostpreußische Melancholie. Sie empfand: „Die anderen haben etwas, was mir fehlt." Der Freizeitleiter spürte ihr die innere Not ab und setzte sich zu dem wehmütig dreinblickenden Mädchen, um mit ihr zu reden. Sie blieb zwar stumm, aber ihre Tränen sagten genug. Mit zwanzig bekehrte sie sich in der Berliner Baptistengemeinde Wattstraße. Jesus wurde und blieb ihr Lebensthema. Dort hat sie später auch meinen Vater kennengelernt und Erhard mit siebenundzwanzig geheiratet. Vier Kinder brachte sie zur Welt.

Meine Mutter war meistens überarbeitet und abgekämpft. Sogar in meiner Stasi-Akte fand ich darüber eine Notiz. Sie arbeitete neben dem Kindergarten auch noch als Putzfrau auf mehreren Stellen. Zum Beispiel bei Frau Goldmann, einer alten Jüdin. Als ich kräftig genug war, trug ich ihr die Wassereimer in die Wohnung. Denn der einzige Wasserhahn für die Mieter von zwei Etagen war auf halber Treppe, und ich war stolz darauf, wie wichtig ich meiner Mutter mit meiner Hilfe war.

Wenn sich andere Mütter genieren, ihre Kinder aufzuklären – meine Mutter nicht. Jedenfalls habe ich nichts davon gemerkt. Das war in der Küche. Sie hat die Teller gespült, ich abgetrocknet. Dabei hat sie erzählt. Das war ein Abwasch. Da habe ich intensiv gefühlt, dass meine Mutter auch meine beste Freundin ist.

Sie hatte eine ausgeprägte diakonische Ader. Auf der einen Seite war sie mir ein Vorbild für Barmherzigkeit. Sie hat ohne Ansehen der Person und ohne Bezahlung geholfen, wo sie nur konnte. Aber manche Leute hatten bei ihr allzu leichtes Spiel, und sie fiel ihnen buchstäblich zum Opfer. Erst haben sie meine Mutter vor ihren Karren gespannt, dann meine Mutter mich. Ich sehe mich noch heute mit Leiterwagen durch Berlin ziehen, auf dem sich der Hausrat fremder Leute türmte. Da lernte ich verstehen, dass es gut ist, Menschen in Not zu helfen, schlecht jedoch, sich ausnutzen zu lassen.

Dass sie im Kindergarten trotz wiederholten Verbots dem kriegsversehrten Herrn Punzina durchs Küchenfenster heimlich übrig gebliebenes Essen reichte, was sonst die Schweine bekommen hätten, habe ich an ihr bewundert. Aber nie verstanden habe ich, dass sie im Handstreich die schrullige Studienratswitwe Hulda Schönfeld als Untermieterin in unsere Wohnung holte. Wir hatten ja damals nur anderthalb Zimmer und hausten fortan als Familie zu fünft im Wohnzimmer. Das waren schlimme Jahre.

In der Waschküche war ich ihr Oberheizer und schob ein Holzscheit nach dem andern unter den Kessel, bis das Wasser mit der Wäsche brodelte. Das ergab herrliche Gespräche nebenbei. Ich drehte die Kurbel der Wringmaschine und freute mich an meinen wachsenden Muskeln.

Dann war ich so um die vierzehn. Ich schäme mich noch heute, wenn ich daran denke. Ich stand an der Ecke mit den Jungs von meiner Clique. Sie kam mit müdem Schritt von der Arbeit und trug schwer an der Einkauftasche. Ich habe mich weggedreht. Ach ja... Zum Glück hat sie damals mit mir über dieses Erlebnis gesprochen. Ich erlebe heute, dass unser Jüngster auf der Straße einen Abstand von zehn Metern hält, wenn er sich breitschlagen lässt, mit uns als seinen Eltern spazieren zu gehen.

In meinen turbulenten Jahren habe ich sie als beherzte Kritikerin erlebt. Ihre Sorge um mich hat mir allerdings manchmal fast den Atem genommen, und ich habe fleißig widersprochen. Allerdings nahm ich mir heimlich doch manches zu Herzen, ohne dies allerdings zuzugeben. Jedenfalls habe ich ihr innerlich ihre Ermahnungen hoch angerechnet. Damals lernte ich, zwischen übertriebener und berechtigter Sorge zu unterscheiden. Das half mir später bei der Erziehung meiner Kinder.

Ein Erlebnis veränderte unsere Beziehung total. Mit zwanzig nahm ich als Mitarbeiter an einer Freizeit in Oranienburg teil. Was ich dort in der engen (intensiven) christlichen Gemeinschaft erlebte, hat mich so sehr verändert, dass meine Mutter nach meiner Rückkehr verwundert fragte, was passiert sei. Der Reflex, ihr ins Wort zu fallen und ihr zu widersprechen, war nicht mehr da. Ich blieb ruhig, wenn es etwas zu klären gab und versprach darüber nachzudenken, wenn wir nicht auf einen Nenner kamen. Das war Heiliger Geist konkret.

Auch dass ich Liedermacher geworden bin, hat mit meiner Mutter zu tun. Nicht nur, dass sie in den frühen Jahren Abend für Abend an meinem Bett saß und mir Gottvertrauen ins Herz sang. Sondern ebenso folgenreich war, dass ich in der Küche manchmal Zettel fand, auf die sie mit ihrer wunderschön geschwungenen Schrift Liedtexte von Dora Rappard, Paul Gerhardt und anderen geschrieben hatte, um sie sich einzuprägen. Manche Strophen stammten auch von ihr. Das hinterließ in meiner kindlichen Seele einen tiefen Eindruck. Dass sich der menschliche Geist über ganz alltägliche Arbeiten erheben kann, um Gedanken zu „verdichten", damit schließlich daraus Verse und Strophen eines Gedichts werden können, wurde mir auf diese Weise selbstverständlich.

Zu ihrem neunzigsten Geburtstag sang ich ihr das Lied vor, das ich ihr zu Ehren geschrieben hatte. Sie war fast taub, verfolgte aber den Liedtext, der vor ihr lag, aufmerksam mit den Augen. Als ich sang: „Ich werde deine Liebe nie vergessen. Ich danke dir, denn dieses Kind bin ich", wendete sie sich mir ruckartig zu und schaute mich ernst von der Seite an. Als ich das Lied beendet hatte, sagte sie leise: „Es ist alles wieder da."

Als meine Mutter auf ihrer allerletzten irdischen Wegstrecke war, dankten wir oft im Gebet, dass Jesus Christus ihr Halt im Leben, Sterben und Auferstehen ist und bleibt. Wir freuten uns über jede Begegnung, die Gott uns noch schenkte. Als sie einmal dem Tod ganz nah war, sagte das „arme Kind von einem ostpreußischen Bauernhof" mit einem Leuchten in den Augen: „Wenn ich nach Hause komme, bin ich reich." In tiefer Dankbarkeit ist sie gestorben. Nie werde ich vergessen, wie sie zu mir sagte: „Am Ende bleibt nur der Herr."

An meine Mutter

Als um Berlin die letzte Schlacht noch tobte,
hast du trotz Tod und Angst in einer Nacht,
im Bombenkeller eines Krankenhauses,
dein drittes Kind gesund zur Welt gebracht.
Du hast erzählt, wie eine alte Nonne
von einem Kinderbett zum andern ging.
„Ihr armen Kleinen, ihr müsst alle sterben,"
so klagte sie noch, als der Tag anfing.

Du wolltest deinen Neugebornen stillen.
Er sog vergeblich an der leeren Brust.
Bald schrie er immer leiser um sein Leben.
Vor Schmerz hast du nicht aus noch ein gewusst.
Die Apothekerwitwe gab nicht Ruhe.
„Ich habe Gift. Jetzt hilft dir kein Gebet.
Der Russe kommt. Lass uns gemeinsam sterben!"
so hat sie dich vergeblich angefleht.

Nur ein Jahr später warst du wieder schwanger.
Die Tante fing dich zu beschwören an:
„Nein, nicht noch einmal solches Leid erleben,
tu das dem Kind und dir doch bloß nicht an!
Nicht noch einmal ein Kind so sterben sehen!
Die Liebe ist auch hart und nicht nur weich.
In diesem Fall muss dein Gewissen schweigen.
Drum treib es ab, das Kind, und möglichst gleich."

Fast jeder hätte diesen Schritt verstanden.
Du hättest „ja" gesagt und eingelenkt.
Doch hast du ihm das Leben nicht genommen.
Im Blick auf Gott hast du es ihm geschenkt.
Der Sohn, den du bekamst, blieb dir am Leben.
Nach all dem Kummer doch noch Glück für dich.
Ich werde deine Liebe nie vergessen.
Ich danke dir, denn dieses Kind bin ich.

„Im Alter wachsen alle in die Erde",
so hast du mir das früher oft erzählt.
„Die Kinder werden groß, die Eltern kleiner."
Man sieht es ja. Das ist der Lauf der Welt.
Willst du mir heute in die Augen blicken,
musst du dich recken und blickst auf zu mir.
Doch dabei seh ich nicht auf dich hinunter.
In Wirklichkeit blick ich ja auf zu dir.

Jörg Swoboda, geboren 1947 in Berlin,
nach Abitur und Lehre als Maschinenbau-
zeichner 1967-1971 Theologiestudium am
Seminar der Baptisten in Buckow (Märki-
sche Schweiz, DDR), 1971-1973 Gemeinde-
depastor in Lichtenstein/Sachsen, 1973-

1981 Jugendpastor des Bundes Evangelisch-Freikirchlicher Gemeinden, in dieser Zeit einer der stellvertretenden Vorsitzenden des Jugendkomitees des Baptistischen Weltbundes, 1980-1981 Vorsitzender des Jugendkomitees der Europäischen Baptistischen Föderation, 1981-1991 Dozent und in den beiden letzten Jahren auch Direktor am Theologischen Seminar in Buckow, 1990-1992 Stadtverordnetenvorsteher am Ort, seit 1993 angestellt als Evangelist und Lehrevangelist, 2000-2006 Vorstandsmitglied der Deutschen Evangelischen Allianz, Gründungs- und Vorstandsmitglied von ProChrist, seit 2008 im Vertrauensrat der Deutschen Evangelistenkonferenz, seit 1964 Schöpfer zahlreicher Lieder; Sänger, Buchautor und -herausgeber; Gastdozent, verheiratet mit Inge, vier erwachsene Kinder, vier Enkelkinder.

Quellennachweis

S. 68/70-71 mit freundlicher Genehmigung aus:
Uwe Holmer; Der Mann, bei dem Honecker wohnte
© 2009 SCM Hänssler, D-71088 Holzgerlingen,
www.scm-haenssler.de

S. 188/189 Verricht das Deine nur getreu
Text & Melodie: Manfred Siebald
© 2001 Edition Kreuzschnabel bei SCM Hänssler,
71088 Holzgerlingen